BEI GRIN MACHT SICH IHR WISSEN BEZAHLT

- Wir veröffentlichen Ihre Hausarbeit, Bachelor- und Masterarbeit

- Ihr eigenes eBook und Buch - weltweit in allen wichtigen Shops

- Verdienen Sie an jedem Verkauf

Jetzt bei www.GRIN.com hochladen und kostenlos publizieren

Rene Hartmann

Geschlechterbilder als Handlungsgrundlage erzieherischen Denkens

Welchen Einfluss haben Geschlechterstereotype von Erwachsenen auf die frühkindliche Entwicklung?

GRIN Verlag

Bibliografische Information der Deutschen Nationalbibliothek:

Die Deutsche Bibliothek verzeichnet diese Publikation in der Deutschen Nationalbibliografie; detaillierte bibliografische Daten sind im Internet über http://dnb.d-nb.de/ abrufbar.

Dieses Werk sowie alle darin enthaltenen einzelnen Beiträge und Abbildungen sind urheberrechtlich geschützt. Jede Verwertung, die nicht ausdrücklich vom Urheberrechtsschutz zugelassen ist, bedarf der vorherigen Zustimmung des Verlages. Das gilt insbesondere für Vervielfältigungen, Bearbeitungen, Übersetzungen, Mikroverfilmungen, Auswertungen durch Datenbanken und für die Einspeicherung und Verarbeitung in elektronische Systeme. Alle Rechte, auch die des auszugsweisen Nachdrucks, der fotomechanischen Wiedergabe (einschließlich Mikrokopie) sowie der Auswertung durch Datenbanken oder ähnliche Einrichtungen, vorbehalten.

Impressum:

Copyright © 2014 GRIN Verlag, Open Publishing GmbH
Druck und Bindung: Books on Demand GmbH, Norderstedt Germany
ISBN: 978-3-656-72814-6

Dieses Buch bei GRIN:

http://www.grin.com/de/e-book/273789/geschlechterbilder-als-handlungsgrundlage-erzieherischen-denkens

GRIN - Your knowledge has value

Der GRIN Verlag publiziert seit 1998 wissenschaftliche Arbeiten von Studenten, Hochschullehrern und anderen Akademikern als eBook und gedrucktes Buch. Die Verlagswebsite www.grin.com ist die ideale Plattform zur Veröffentlichung von Hausarbeiten, Abschlussarbeiten, wissenschaftlichen Aufsätzen, Dissertationen und Fachbüchern.

Besuchen Sie uns im Internet:

http://www.grin.com/

http://www.facebook.com/grincom

http://www.twitter.com/grin_com

Diplomarbeit aus Pädagogik

Geschlechterbilder als Handlungsgrundlage erzieherischen Denkens

Welchen Einfluss haben Geschlechterstereotypen von Erwachsenen auf die frühkindliche Entwicklung?

Rene Hartmann

Diplomarbeit im Fach Pädagogik

Schuljahr 2013/2014

Vorwort

1.	Stereotype, Vorurteile und Schemata	2
1.1	Stereotype	2
1.1.2	Soziale Kategorisierung und Stereotypisierung	4
1.1.2.1	Soziale Kategorisierung und soziale Gruppe	4
1.1.2.2	Kategorisierung, Aktivierung und Anwendung von Stereotypen	5
1.1.3	Illusorische Korrelationen	8
1.2	Vorurteile	10
1.3	Soziale und Sozialpsychologische Effekte	13
1.3.1	Selbst erfüllende Prophezeiungen	13
1.3.2	Der Rosenthal Effekt	14
1.3.3	Der Andorra-Effekt	15
2.0	Sozialisation	17
2.1	Primäre Sozialisation	19
2.2	Sekundäre Sozialisation	20
2.3	Sozialisation und Biologie	20
2.4	Peergroups	21
2.5	Gender und Geschlechterrollen	22
2.5.1	Gendertheorie	22
2.5.2	Geschlechterrolle	23
2.5.2.1	Kulturelle Geschlechterrolle	23
2.5.2.2	Anthropologischer Erklärungsansatz	24
2.5.3	Geschlechterrollen in der Soziologie	25
2.5.3.1	Rollenverhalten und Rollenerwartungen	26
2.5.3.2	Geschlechterrollenstereotype	26

3.0	Kinder und Geschlecht	27
3.1	Körperbewusstsein und Entwicklung der Geschlechtsidentität nach Lebensalter	27
3.1.1	Pränatale Phase	27
3.1.2	Von Geburt bis einschließlich Kindergartenalter	28
3.2	Geschlechtsidentität	29
3.2.1	Entwicklung von Geschlechtsidentität	30
3.2.1.1	Anlage orientierte, biologistische Ansätze	30
3.2.1.2	Umwelt als Ausgangspunkt – Sozial deterministische Theorien	31
3.2.1.3	Kontextuelle Entwicklung	31
3.2.1.4	Handlungstheoretische Theorien	31
3.2	Erwerb von Geschlechterverhalten in der Kindheit	32
3.2.1	Prozesse in der Entwicklung des Geschlechtsrollen-Verhaltens	33
3.3	Das „Lernen" von Geschlecht	34
3.3.1	Instrumentelles Lernen	34
3.3.2	Vorbildlernen	36
4.0	Exkurs: Geschlechtsunterschiede – Der aktuelle Stand der naturwissenschaftlichen Forschung	38
4.1	Evolutionsbiologie	38
4.2	Neurologie – Hirnforschung	39
4.3	Genetik und Endokrinologie - Hormonelle Unterschiede	41
5.	Der Einfluss von Geschlechterstereotypen von Erwachsenen auf die frühkindliche Entwicklung – ein Fazit	44
6.	Schlussbetrachtungen und Danksagungen	45
7.	Glossar	46
8.	Literatur	47

1 Geschlechterbilder als Handlungsgrundlage erzieherischen Denkens

Vorwort

Als Pädagoge ist man sehr oft mit Geschlechterstereotypen konfrontiert, ob das der in die Hand gedrückte Schraubenzieher am ersten Tag im neuen Kindergarten ist, der von Kolleginnen angedachte Fußballnachmittag mit den Buben oder die ersten Reaktionen der Eltern.

Diese Erfahrungen haben mich davon überzeugt, meine Diplomarbeit im Fach Pädagogik dem Thema jener Geschlechterbilder zu widmen, ihrer Entstehung und vor allem ihrer Tradierung. Ich versuche in dieser Arbeit darzulegen, wie Stereotype funktionieren, wir sie übertragen und welche Dynamiken auch unter den Kindern selbst wirken.

Geschlechterbilder und Stereotype sind omnipräsent in der täglichen Situation im Kindergarten, sie beeinflussen das pädagogische Denken und Handeln.
Neben der Entstehung und Wirkungsweise von Stereotypen geht die Arbeit auch auf den Prozess der Sozialisation ein, sowie auf die kindliche Entwicklung bis zum Ende des Kindergartenalters. Hierbei ist der Fokus ebenfalls auf Geschlechterrollen gelegt.

Ergänzend ist ein Exkurs angeführt, der den aktuellen Stand der naturwissenschaftlichen Forschung zum Thema Geschlechterunterschiede kurz umreißt.

Diese Diplomarbeit soll einen umfassenden Zugang zum Thema bieten, ergänzt mit einem Glossar, um Fachbegriffe zu erläutern und einen Literaturteil, der sowohl direkt verwendete, als auch ergänzende Werke anführt.

Pädagogen und Pädagoginnen sind ihrem tatsächlichen Geschlecht entsprechend in den Beispielen genannt, die aus meiner persönlichen Sichtweise geschildert sind.

2 Geschlechterbilder als Handlungsgrundlage erzieherischen Denkens

1. Stereotype und Vorurteile

1.1 Stereotype

Der Begriff des Stereotyps setzt sich aus den zwei griechischen Wörtern „stereos" - hart, starr, fest, und „typos" - Entwurf, feste Norm zusammen. Ursprünglich in der Drucktechnik beheimatet, migrierte das Wort im frühen 20.Jhdt in die Sozialwissenschaften. Eine frühe Definition des Begriffs prägten die beiden Forscher Katz und Braly (1933) in einer Studienarbeit über Rassenvorurteile in den USA.

„Ein starrer Eindruck, der nur in geringem Maße mit der Realität übereinstimmt und dadurch zustande kommt, dass wir zuerst urteilen und danach erst hinschauen."
(Katz & Braly, 1933 racial stereotyping)

Neuere Definitionen sprechen von „einer Reihe von Überzeugungen über die Mitglieder einer sozialen Gruppe" oder von einer „Assoziation einer Reihe von Merkmalen mit einer Kategorie".[1]

Stereotype bilden den kognitiven Teil von Vorurteilen, diese entstehen nicht zwangsläufig, sondern nur dann, wenn unreflektiert der Inhalt des Stereotypes als „wahr" akzeptiert wird.[2]

Die Kenntnis eines Stereotypes beeinflusst jedoch bereits die Handlungen, da Erwartungen, die daraus hervorgerufen werden eine bestimmte Herangehensweise auslösen, welche nur die Bestätigung, nicht aber Negierungen zulässt[3]

---

[1] Petersen, Lars-Eric (Hrsg.): Stereotype, Vorurteile und soziale Diskriminierung, Beltz Verlag Basel 2008
[2] Reising, Yvonne Diana: Entstehung - Umgang - Prävention von Vorurteilen bei Kindern, Diplomarbeit Bergische Universität Wuppertal, 2000, Grin Verlag 2013
[3] Reising, Yvonne Diana: Entstehung - Umgang - Prävention von Vorurteilen bei Kindern, Diplomarbeit Bergische Universität Wuppertal, 2000, Grin Verlag 2013

3 Geschlechterbilder als Handlungsgrundlage erzieherischen Denkens

Der Soziologe Alphons Silbermann führt dazu in seinem Werk „Alle Kreter lügen" ein Beispiel an:

„Das Stereotyp rothaariger Menschen als feurig, falsch, bösartig, sexy, irrgläubig, hitzköpfig, nüchtern, heuchlerisch oder berauschend leitet und verzerrt die Beurteilung aller rothaarigen Menschen."[4]

Ein Stereotyp ist eine Beschreibung von Personen oder Gruppen, die bildhaft einen als typisch behaupteten Sachverhalt vereinfacht auf diese bezieht. Stereotypen erlauben allein durch die Nennung des Begriffs den zugehörigen komplexen Inhalt schnell präsent zu machen.[5]

Die Kategorisierung von Personen anhand bestimmter Merkmale wie dem Geschlecht ist ein für Menschen normaler, schnell und zumeist automatisch ablaufender Prozess. Stereotypen dienen dazu, komplexe Realität zu vereinfachen und einzuordnen. Dergestalt fungieren sie als Identifikationsmöglichkeit und können den Zusammenhalt von Gruppen unterschiedlicher Form und Größe fördern, im Inneren, wie auch in der Abgrenzung nach Außen.[6]

Als *„eine erkenntnis-ökonomische Abwehreinrichtung gegen die notwendigen Aufwendungen einer umfassenden Detailerfahrung"* (Walter Lippman 1922)

werden Stereotype in der Arbeit des amerikanischen Philosophen, Journalisten und Medienkritikers Walter Lippman hervorgehoben. Mit seinem Werk „Public Opinion" leistete er einen großen Beitrag zur Erforschung der Stereotype.[7,8]

---

[4] Silbermann, Alphons: Alle Kreter lügen, Bastei-Lübbe 1995, Amazon Kindle Edition
[5] Reising, Yvonne Diana: Entstehung - Umgang - Prävention von Vorurteilen bei Kindern, Diplomarbeit Bergische Universität Wuppertal, 2000, Grin Verlag 2013
[6] Petersen, Lars-Eric (Hrsg.): Stereotype, Vorurteile und soziale Diskriminierung, Beltz Verlag Basel 2008
[7] Lippman Walter: Die öffentliche Meinung. Brockmeyer, Bochum 1990 (Originaltitel: Public Opinion)
[8] Dröge, Franz W.: Publizistik und Vorurteil. Regensberg Verlag, Münster 1967

1.1.2 Soziale Kategorisierung und Stereotypisierung

1.1.2.1 Soziale Kategorisierung und soziale Gruppe

Soziale Kategorien sind Gruppierungen von Menschen, die in sozialen Interaktionen häufig zusammengefasst gesehen werden. Sie stellen oft hilfreiche oder als solches angesehene Ordnungsrahmen für die Strukturierung und Vereinfachung sozialer Situationen dar.

Eine Studie aus dem Jahr 1971 von Henri Tajfel, M. G. Billig, R. P. Bundy und Claude Flament sollte die Auswirkungen sozialer Kategorisierung auf das Verhalten zwischen einzelnen Gruppen analysieren. Es sollten weder individuelle Interessen, noch bestehende Vorurteile, noch feindliche Anschauungen Grund für diskriminierendes Verhalten darstellen. Diese Voraussetzungen wurden durch die Erzeugung einer willkürlichen Einteilung erreicht. Anhand von Experimenten konnte festgestellt werden,

„dass eine Kategorisierung eine Abgrenzung der Gruppen untereinander und eine Solidarisierung innerhalb der der Gruppen stattfand.", (Henry Tajfel 1982)

Die Ergebnisse der Studie zeigten, dass die bloße Kategorisierung, also die kognitive und randomisierte Einteilung in Gruppen bereits ausreicht, um Konflikte zwischen den Gruppen auszulösen. Dadurch entstand bei den Probanden eine additive Identität, durch die sie sich mit der eigenen Gruppe identifizierten.

Ähnlich grenzen sich die Geschlechtergruppen in Kindergärten durch gemeinsame Identitätsmerkmale wie Spielverhalten, Farben, Haarlängen gegeneinander ab.[9]

---

[9] Tajfel, Henri: Gruppenkonflikt und Vorurteil. Entstehung und Funktion sozialer Stereotypen, Wien 1982.

5 Geschlechterbilder als Handlungsgrundlage erzieherischen Denkens

1.1.2.2 Kategorisierung, Aktivierung und Anwendung von Stereotypen

Im sozialwissenschaftlichen Kontext beruhen Stereotype auf Abgrenzung und der Bildung von Kategorien um Personengruppen, denen bestimmte Eigenschaften oder Verhaltensweisen zugeschrieben werden. Stereotype sind weiters vor allem dadurch gekennzeichnet, dass sie bisweilen besonders offensichtliche Eigenschaften einzelner Personen hervorheben und verallgemeinern. Sie entstehen in der Wahrnehmung und Bewertung eines Details, welches in unkritischer Verallgemeinerung und damit einer Konstruktion einer faktischen Wirklichkeit angewandt wird.[10]

Solchermaßen vereinfachte Repräsentationen anderer Personengruppen erleichtern die Interaktionen mit unbekannten Personen wesentlich. Durch äußere Merkmale wie Kleidungsstil oder Geschlecht ausgelöste Stereotype dienen als Hinweis für zu erwartende Reaktionen.[11]

Die durch dieses Verfahren implizierte Vereinfachung kann soziale Ungerechtigkeiten manifestieren oder auch zu Irritationen führen, wenn sich das Gegenüber nicht entsprechend verhält und zwar in einem Maße, dass die Automatik des Stereotypisierens gestört wird.
Wenn Merkmale wie das Geschlecht mit negativen Bewertungen besetzt sind, welche die Interaktionsmöglichkeiten von Personen in vielen Lebensbereichen signifikant begrenzen, spricht man von Vorurteilen als Einstellung gegenüber Individuen. Stereotype sind a priori nicht wertend.[12]

Von einer oder mehreren gemachten Erfahrungen auf eine Regelmäßigkeit zu schließen ist zwar gängige Strategie, aber ein logischer Fehler, wie bereits David Hume [13] nachgewiesen hat. Induktive Schlüsse sind nicht zur Erlangung sicherer Erkenntnis zu gebrauchen, von einer oder mehreren Erfahrungen auf zukünftige Ereignisse zu schließen ist unzulässig, da nie alle möglichen Fälle untersucht werden können.

---

[10] Petersen, Lars-Eric (Hrsg.): Stereotype, Vorurteile und soziale Diskriminierung, Beltz Verlag Basel 2008
[11] Petersen, Lars-Eric (Hrsg.): Stereotype, Vorurteile und soziale Diskriminierung, Beltz Verlag Basel 2008
[12] Petersen, Lars-Eric (Hrsg.): Stereotype, Vorurteile und soziale Diskriminierung, Beltz Verlag Basel 2008
[13] Hume, David: A Treatise of Human Nature: Being an Attempt to introduce the experimental Method of Reasoning into Moral Subjects. (Über die menschliche Natur) (1739-40)

6 Geschlechterbilder als Handlungsgrundlage erzieherischen Denkens

Stereotype und Vorurteile sind jedoch induktive Schlüsse. Karl Popper hat dargelegt, dass bereits eine einzige Erfahrung ausreicht, um induktive Erwartungen hervorzurufen.[14]

In der pädagogischen Arbeit im Kindergarten führt das dazu, dass Stereotype analog zu Schemata aktiviert werden, Perseveranzeffekte verdecken die tatsächliche Erziehungswirklichkeit und Persönlichkeit vieler Kinder, treten hingegen die Erwartungen ein, wird dies als Bestätigung gesehen.

Durch den Glauben an die Wahrheit der Stereotype treten oft selbst erfüllende Prophezeiungen auf, man konstruiert, was man erwartet.[15]

Ausgebildete Stereotype beeinträchtigen die Informationsverarbeitung, Aufmerksamkeit, die Interpretation von Wahrnehmungen, das Gedächtnis, sowie Schlussfolgerungsprozesse.[16]

In der Interaktion von Erwachsenen mit Kindern beeinflussen Stereotype neben dem Sender (Erwachsener) auch den Empfänger (Kind) als Mitglied einer bestimmten Gruppe oder seine Informationsverarbeitung bezüglich Wissen über eine solche.[17]
So führt die Aktivierung von Stereotypen in dieser Interaktion oft dazu, dass sich Mitglieder einer Gruppe den stereotypisierten Erwartungen des Interaktionspartners anpassen, dessen Stereotype über andere übernehmen oder es zeigen sich erwartete Verhaltensweisen.[18]
Ein zentraler Mechanismus zur Entstehung von Stereotypen, der auch bereits bei Kindern auftritt, ist die generelle Bereitschaft von Menschen, sozial zu kategorisieren und andere in Fremd- und Eigengruppen einzuteilen. Dabei liegen sehr breite Merkmalskategorien zugrunde, wie etwa Nationalität, Alter, Geschlecht, Beruf.
Alleine schon die Kategorisierung selbst verändert die Wahrnehmung und die Urteilsprozesse.[19]

---

[14] De Cavalho, Maria C.M.: Karl R. Poppers Philosophie der wissenschaftlichen und der vorwissenschaftlichen Erfahrung, Lang, 1982
[15] Petersen, Lars-Eric (Hrsg.): Stereotype, Vorurteile und soziale Diskriminierung, Beltz Verlag Basel 2008
[16] Petersen, Lars-Eric (Hrsg.): Stereotype, Vorurteile und soziale Diskriminierung, Beltz Verlag Basel 2008
[17] Petersen, Lars-Eric (Hrsg.): Stereotype, Vorurteile und soziale Diskriminierung, Beltz Verlag Basel 2008
[18] Petersen, Lars-Eric (Hrsg.): Stereotype, Vorurteile und soziale Diskriminierung, Beltz Verlag Basel 2008
[19] Petersen, Lars-Eric (Hrsg.): Stereotype, Vorurteile und soziale Diskriminierung, Beltz Verlag Basel 2008

7 Geschlechterbilder als Handlungsgrundlage erzieherischen Denkens

Eine weitere, wesentliche Erkenntnis liegt darin, dass Stereotype bei der Eigengruppe weit positiver erlebt werden, als in der Fremdgruppe. Die Ursache dafür liegt in einem systematischen Bias (Englisch, hier: eine systematische Neigung beim Wahrnehmen, Erinnern, Denken und Urteilen) in der Benutzung von Sprache: positives Verhalten eines Mitgliedes der eigenen Gruppe wird sehr abstrakt beschrieben, gleiches Verhalten in der Fremdgruppe wird sehr konkret dargestellt, bei negativem Verhalten ist es umgekehrt.[20]

Stereotype können weiters aus sogenannten „Salience-Effekten" resultieren. Auffällige Merkmale werden demnach eher zur Ausbildung von Stereotypen anregen, als weniger hervorstechende.[21]

Diese Effekte spielen auch eine wichtige Rolle bei der Entwicklung sogenannter Illusorischer Korrelationen, der Wahrnehmung eines Zusammenhangs zweier Variablen, der tatsächlich gar nicht existiert. Weiters bilden Personen Wahrscheinlichkeitsurteile nicht nur über das Auftreten von bestimmten Attributen von Menschen, die einer bestimmten Gruppe angehören, sondern auch über die sogenannte Kovariation von Merkmalen im Rahmen von „Impliziter Persönlichkeitstheorie" (IPT), IPT haben wie Stereotype eine Funktion als Orientierungshilfe und schaffen einen Bezugsrahmen für das Verhalten gegenüber anderen Menschen.[22]

Die Implizite Persönlichkeitstheorie stellt ein Schema dar, das die Ausgangslage in der Interaktion mit anderen Menschen prägt. IPT stellen eine entlastende Funktion im Sozialverhalten, analog zu Stereotypen dar[23].

---

[20] Petersen, Lars-Eric (Hrsg.): Stereotype, Vorurteile und soziale Diskriminierung, Beltz Verlag Basel 2008
[21] Petersen, Lars-Eric (Hrsg.),:Stereotype, Vorurteile und soziale Diskriminierung, Beltz Verlag Basel 2008
[22] Petersen, Lars-Eric (Hrsg.): Stereotype, Vorurteile und soziale Diskriminierung, Beltz Verlag Basel 2008
[23] Gittler, Georg: Persönlichkeits- und Differentielle Psychologie, Skriptum Universität Wien, 2011

1.1.3 Illusorische Korrelationen

Stereotype sind oft Teil des kollektiven „Wissensschatzes", welcher innerhalb von Gesellschaften tradiert wird. In anderen Fällen sind sie Bestandteil der individuellen Biographie eines Menschen, wobei Einzelinformationen über bestimmte Gruppen wahrgenommen und in Stereotype integriert werden. Diese Informationen können aus Medien, Berichten aber auch aus den Erzählungen anderer Menschen stammen, bisweilen auch aus Reaktionen anderer Menschen, zum Beispiel Reaktionen der Eltern auf ein bestimmtes Verhalten des Kindes.[24]

Ein Beispiel dazu aus eigener Beobachtung:

Ein Vater holte seinen Sohn aus dem Kindergarten ab, dieser spielte gemeinsam mit anderen Kindern im Wohnbereich ein Familienrollenspiel und stellte die Mutter dar. Er trug ein violettes Kleid, schwarze Damenschuhe mit hohen Absätzen und eine Damenhandtasche. Der Vater reagierte darauf sehr ungehalten und wies seinen Sohn an, die Frauensachen sofort auszuziehen. Der Bub lernte daraus, dass es seinem Vater nicht gefällt, wenn er „Frauensachen" trägt, diese Kleidung wurde somit als nicht passend erachtet.

Um Lernprozesse zu untersuchen, die zu einer Ausprägung von Stereotypen führen, ist es praktikabel, Stereotype als wahrgenommene Korrelationen zwischen Gruppenzugehörigkeit und Merkmalen beziehungsweise Verhalten zu definieren. So lasst sich Geschlechterstereotypen als Korrelationen zwischen Geschlechtskategorien und Eigenschaften charakterisieren. Demnach sind Männer angeblich durchsetzungsfähiger, Frauen emotionaler.[25]

---

[24] Petersen, Lars-Eric (Hrsg.): Stereotype, Vorurteile und soziale Diskriminierung, Beltz Verlag Basel 2008
[25] Petersen, Lars-Eric (Hrsg.): Stereotype, Vorurteile und soziale Diskriminierung, Beltz Verlag Basel 2008

9 Geschlechterbilder als Handlungsgrundlage erzieherischen Denkens

Aus oben genannter Definition lässt sich sagen, dass es sich bei der Bildung von Stereotypen um einen Sonderfall von Kontingenzlernen handelt, des Lernens von Zusammenhängen zwischen Variablen aufgrund der Basis von Stichproben von Beobachtungen und Wahrnehmung.
Hierbei werden jedoch auch verzerrte Korrelationen erlernt, die stereotype Erwartungen induzieren. Zusammenhänge werden wahr- und angenommen, die in Wirklichkeit gar nicht existieren. Als bekanntes Beispiel sei genannt die weit verbreitete Meinung, dass Paare, die lange kein Kind bekommen konnten, nach der Adoption eines Kindes „plötzlich" doch ein eigenes Kind zeugten. Der Schluss daraus lautet, dass jene Menschen durch die Adoption eines Stressfaktors beraubt und daher hernach fruchtbarer wurden. Tatsächlich geschieht dies jedoch statistisch gesehen gleich häufig bei Paaren, die kein Kind adoptieren, nur sind die Fälle der Adoptiveltern einprägsamer.[26]

Die traditionelle Erklärung über das Zustandekommen illusorischer Korrelationen beruht auf der Annahme, dass das Zusammentreffen seltener, scheinbar besonderer Ereignisse zu erhöhter Aufmerksamkeit führt.[27]

So zum Beispiel erhält ein Ergebnis der Lottoziehung das 1,2,3,4,5,6 lautet, weit mehr Beachtung als jede andere Kombination, obwohl die Wahrscheinlichkeiten gleich groß sind.

Wenn nun ein Mitglied einer bestimmten Gruppe, zum Beispiel jener der Männer ein besonders auffälliges Verhalten zeigt, wird dies besonders aufmerksam verarbeitet und dadurch später besser abrufbar als andere Verhaltensweisen.[28]

---

[26] Petersen, Lars-Eric (Hrsg.): Stereotype, Vorurteile und soziale Diskriminierung, Beltz Verlag Basel 2008
[27] Petersen, Lars-Eric (Hrsg.): Stereotype, Vorurteile und soziale Diskriminierung, Beltz Verlag Basel 2008
[28] Petersen, Lars-Eric (Hrsg.): Stereotype, Vorurteile und soziale Diskriminierung, Beltz Verlag Basel 2008

1.2 Vorurteile

Ein Vorurteil ist ein Urteil, das vor dem Erlangen aller relevanten Informationen gefestigt wird, dabei ist die Gefahr eines Fehlers gegeben, aber nicht unbedingt immer zutreffend. Das lateinische Wort für Vorurteil lautet „Praejudicum", was auch mit Nachteil übersetzt werden kann. Vorurteile können auch positive Folgen haben und zum Vorteil der urteilenden Personen gereichen. Die Gefahr, die Vorurteile darstellen liegt darin, dass sie zu starren Normen mutieren und somit nicht mehr kritisch hinterfragt werden.[29]

Die Funktion dieser Urteile liegt darin, die Umwelt schnell einschätzen zu können, eine Kategorisierung herzustellen, die Komplexität der Welt zu reduzieren, um sinnvolle, rasche Handlungen möglich zu machen. Menschen machen Erfahrungen und nehmen an, dass es in ähnlichen Fällen analog dazu ablaufen wird.[30]

Das stete Aufeinanderfolgen mehrerer Ereignisse lässt einen Zusammenhang vermuten, wo nicht zwangsläufig einer gegeben ist, jedoch strebt der Mensch, wie auch viele andere Tiere danach, Regelmäßigkeiten zu suchen.
Es werden Schemata gebildet, die auch bei Widersprüchen aufrecht erhalten werden („Ausnahmen bestätigen die Regel" - tatsächlich widerlegen Ausnahmen die Regel).[31]

---

[29] Reising, Yvonne Diana: Entstehung - Umgang - Prävention von Vorurteilen bei Kindern, Diplomarbeit Bergische Universität Wuppertal, 2000, Grin Verlag 2013
[30] Reising, Yvonne Diana: Entstehung - Umgang - Prävention von Vorurteilen bei Kindern, Diplomarbeit Bergische Universität Wuppertal, 2000, Grin Verlag 2013
[31] Reising, Yvonne Diana: Entstehung - Umgang - Prävention von Vorurteilen bei Kindern, Diplomarbeit Bergische Universität Wuppertal, 2000, Grin Verlag 2013

11 Geschlechterbilder als Handlungsgrundlage erzieherischen Denkens

Schemata sind Hilfsmittel, Inhalte des impliziten Gedächtnisses, die dazu dienen, Informationen, die Menschen aufnehmen, schnell und einfach zuordnen zu können. Sie werden im Laufe der individuellen Entwicklung angelegt und ausgebaut. Der Erziehungswissenschaftler Karl-Heinz Flechsig schreibt dazu in seinem Text „Kulturelle Schemata und interkulturelles Lernen":

„Als "klassisches" Beispiel für Schema-Anwendung wird in mehreren Publikationen das Schema für "Restaurant-Besuch" erwähnt. Es umfasst eine Anzahl von Merkmalen, z. B. woran man Restaurants erkennt und von Bahnhöfen unterscheiden kann, es umfasst aber auch Merkmale von Prozessen, die in Restaurants stattfinden, z. B. Speisekarte lesen, bestellen, konsumieren, Rechnung erbitten, bezahlen etc. Ein solches Restaurant-Schema steuert unsere Erwartungen und lenkt unsere Wahrnehmung, es steuert aber auch unsere Handlungen und Interaktionen. Das Schema wird von einem Kind zunächst vielleicht nur für den eigenen Dorfgasthof entwickelt und später auf eine große Vielfalt in- und ausländischer Restaurants ausdifferenziert. Dabei lernt man dann z. B., dass man in einigen Restaurants warten muss, bis man einen Platz zugewiesen bekommt, während man in anderen sich seinen Tisch selbst aussuchen kann." [32]

Vorurteile dienen also der schnellen Einordnung, als Basis für neue Erfahrungen, dennoch bilden sie einen blinden Fleck im menschlichen Urteilsvermögen, erschweren eine objektive Beurteilung. Ihr Nutzen liegt in der Vereinfachung der Wahrnehmung der Welt, es wird dabei nicht kritisch hinterfragt, sondern ein Schema wird angewandt. Vorurteile sind weder ad hoc positiv oder negativ, der individuelle Umgang und das Bewusstsein ob der Schlüsse sind das entscheidende Element, welches letztlich Erkenntnis möglich macht oder nicht.[33]

---

[32] Flechsig, Karl-Heinz: Kulturelle Schemata und interkulturelles Lernen, http://wwwuser.gwdg.de/~kflechs/iikdiaps3-98.htm
[33] Reising, Yvonne Diana: Entstehung - Umgang - Prävention von Vorurteilen bei Kindern, Diplomarbeit Bergische Universität Wuppertal, 2000, Grin Verlag 2013

12 Geschlechterbilder als Handlungsgrundlage erzieherischen Denkens

Ein Vorurteil entsteht, wenn die verallgemeinerten Eindrücke mit Emotionen besetzt werden. Zumeist beruht ein Vorurteil im Gegensatz zu Stereotypen nicht auf Erfahrung und Wahrnehmung, sondern auf einer kaum reflektierten Meinung und ist somit ein vorab gewertetes Urteil. Vorurteile sind meist negativ behaftet und durch ihre Komplexität und Vielfältigkeit schwer aufzuheben.[34]

Dazu zwei Beispiele aus der eigenen Praxis:

Als es um die Verlegung der Reifen in einem Kindergarten ging, welche als „Parkvorrichtung" für Fahrzeuge dienten, meinte eine Pädagogin:
„Das wäre eine gute Aufgabe für unsere Buben, die brauchen ja eh die Kraft!"
Die Pädagoginnen und der einzige Pädagoge im Team konnten diese, auf einem Vorurteil fußende Idee zum Glück abwenden, aber sehr oft wird danach gehandelt.

Ein weiteres Beispiel aus dem gleichen Kindergarten:

Am Ende der Ruhestunde, in welcher manche Kinder schlafen, andere sich ruhig beschäftigen werden die Matratzen, Decken und Polster wieder in die entsprechenden Regale geräumt. Diese Aufgabe übernehmen Mädchen aus der Gruppe, es gibt kein Eingreifen seitens der Pädagoginnen, die auf Nachfrage antworteten, jene würden es erstens freiwillig und zweitens verlässlicher machen. Eine der getätigten Aussagen war:
„Sie üben schon für den Haushalt."

---

[34] Reising, Yvonne Diana: Entstehung - Umgang - Prävention von Vorurteilen bei Kindern, Diplomarbeit Bergische Universität Wuppertal, 2000, Grin Verlag 2013

13 Geschlechterbilder als Handlungsgrundlage erzieherischen Denkens

1.3 Soziale und Sozialpsychologische Effekte

Im Zusammenhang mit Stereotypen existieren einige soziale beziehungsweise Sozialpsychologische Effekte, exemplarisch möchte ich einige davon näher betrachten.

1.3.1 Selbst erfüllende Prophezeiungen ○

„Nicht die Tatsachen, sondern die Meinungen, welche wir über Tatsachen haben, entscheiden." (Alexander von Humboldt 1769-1859)

Die selbst erfüllende Prophezeiung (engl. self-fulfilling prophecy) beschreibt das Phänomen, dass ein erwartetes Verhalten einer anderen Person (Prophezeiung) durch eigenes Verhalten erzwungen wird. Erwartet jemand ein bestimmtes Verhalten von seinem Gegenüber, erzwingt er durch eigenes Verhalten genau dieses Verhalten.[35]

Die „selbst erfüllende Prophezeiung" wurde von Robert K. Merton 1948 als sozialer Mechanismus zur Erklärung der Auswirkungen bestimmter Einstellungen und Handlungsweisen erkannt, sein Ansatzpunkt ist das sogenannte „Thomas-Theorem":

„If men define situations as real, they are real in their consequences"[36]

Merton zeigt anhand exemplarischer Beispiele, wie das Auftreten einer Prognose die Ursache dafür wird, dass diese Prognose eintritt. So kann unter geeigneten Umgebungsvariablen die Nachricht über die Zahlungsprobleme einer Bank zu deren Pleite führen kann egal ob die Situation begründet war oder nicht oder die Börsenkurse auf Gerüchte reagieren, bevor deren Wahrheitsgehalt verifiziert ist.[37]

---

[35] Petersen, Lars-Eric (Hrsg.): Stereotype, Vorurteile und soziale Diskriminierung, Beltz Verlag Basel 2008
[36] Thomas, William I./Thomas, Dorothy S.: The Methodology of Behavior Study. Chapter 13 in The Child in America: Behavior Problems and Programs. Alfred A. Knopf, New York 1928
[37] Merton, Robert K.: Social theory and social structure. New York 1957

14 Geschlechterbilder als Handlungsgrundlage erzieherischen Denkens

Die selbst erfüllende Prophezeiung ist die Voraussage über ein Stereotyp, welches durch eben diese Erwartung konstruiert wird.[38]

Dies ist, neben nachfolgend beschriebener sozial-psychologischer Effekte ein wesentlicher Faktor in der praktischen Wirklichkeit der unterschiedlichen Behandlung von Buben und Mädchen durch PädagogInnen in elementaren Bildungseinrichtungen, basierend auf Stereotypen und Vorurteilen. Wird geglaubt, dass bestimmte Verhaltensweisen oder Bedürfnisse typisch sind, wird oft unbewusst von Erwachsenen so gehandelt, dass das Geglaubte wahr wird.

1975 haben die Wissenschaftler Ross, Lepper und Hubbard Versuchspersonen positives oder negatives Feedback über einen Test gegeben, anschließend wurden sie darüber aufgeklärt, dass dieses Feedback frei erfunden worden war.

In weiterer Folge sollte nun eingeschätzt werden, wie sie tatsächlich abgeschnitten haben und wie sie sich in Bezug auf weitere Tests einschätzen. In weiterer Folge waren diese Selbsteinschätzungen korrelierend mit den Ergebnissen des ersten Tests, die jedoch, wie bereits beschrieben, auf keinerlei rationaler Grundlage beruhten.[39]

1.3.2 Der Rosenthal Effekt

Ein klassisches Experiment wurde 1968 von Robert Rosenthal an US-amerikanischen Grundschulen durchgeführt.
Er legte dem Lehrerkollegium Unterlagen vor, die nachzuweisen schienen, dass bestimmte, von ihm zufällig ausgewählte Schüler so genannte hochintelligente Talente seien, die in Zukunft herausragende Leistungen zeigen würden.

---

[38] Petersen, Lars-Eric (Hrsg.): Stereotype, Vorurteile und soziale Diskriminierung, Beltz Verlag Basel 2008
[39] Ross, Lee, Lepper, Mark, Hubbard Michael: Perseverance in self-perception and social perception: Biased attributional processes in the briefing paradigm. Journal of Personality and Social Psychology, 32, S. 880-892

15 Geschlechterbilder als Handlungsgrundlage erzieherischen Denkens

Bei einem Test am Schuljahresende hatten sich die meisten dieser Schüler tatsächlich im Vergleich zu ihrem am Anfang des Schuljahres erfassten Niveau stark verbessert. Fast die Hälfte der Kinder steigerte sich um 20 Punkte oder mehr, ein Fünftel sogar über 30. Der nach ihm benannte Rosenthal-Effekt wurde seither oft repliziert.

Hat ein Lehrer bereits eine positive Einschätzung der Schüler, wie etwa Hochbegabung, Fleiß, so wird sich diese Ansicht im späteren Verlauf auch bestätigen. Dieses wird dadurch ermöglicht, dass der Lehrer seine Erwartungen in subtiler Weise den Schülern übermittelt, beispielsweise durch persönliche Zuwendung, Wartezeiten, Lob, Tadel, Bevorzugungen. Es handelt sich keinesfalls um eine bewusste Handlung, sondern geschieht vielmehr unbewusst.[40]

In einer Kindergartengruppe wurde dem Pädagogen erzählt, dass die Mädchen im letzten Jahr besonders interessiert und fleißig bei gestalterischen Aktivitäten wären. Über die nächsten Wochen waren es immer diese Kinder, welche von den Pädagoginnen zu sich gerufen wurden, wenn es um genau diese Aufgaben ging und als der Pädagoge schließlich Raumdekoration für den Fasching vorbereitete, erwarteten sie, als erste beteiligt zu werden. Die gleichaltrigen Buben wurden als weniger interessiert eingeschätzt, was sich in weiterer Folge in der tagtäglichen Arbeit des Pädagogen als nicht zutreffend erwies. Die Erwartungshaltung der Pädagoginnen wurde unbewusst auf die Mädchen und Buben übertragen, welche sich in weiterer Folge gemäß dieser Erwartung verhielten.

1.3.3 Der Andorra-Effekt

Der Andorra-Effekt beschreibt einen Begriff aus der Sozialpsychologie, der auch in der ökonomischen Personalführung eine Rolle spielt. Er besagt, dass sich Menschen oft an die Urteile und Einschätzungen durch die Gesellschaft anpassen, unabhängig von der Korrektheit der Zuschreibung. Der Effekt ist somit eine Form der selbst erfüllenden Prophezeiung, da sich eine Person mit der Zeit so verhält, wie man es ihr die ganze Zeit vorausgesagt hat, dies ohne die Vorhersage aber nicht getan hätte. Das Andorra Phänomen beschreibt wie die stete Wiederholung zur Wahrheit wird.[41]

---

[40] Rosenthal, Jacobson: Pygmalion im Unterricht. Beltz, Weinheim 1971
[41] Surhone, Lambert M., Tennoe, Miriam T., Henssonow Susan F.: Andorra-Effekt Betascript Publishing, 2011

16 Geschlechterbilder als Handlungsgrundlage erzieherischen Denkens

Gesellschaftlich spielt der Effekt eine Rolle, wenn gegen eine gesellschaftliche Gruppe bestimmte Vorurteile oder Stereotype vorliegen und Personen dieser Gruppe deswegen anfangen sich tatsächlich entsprechend den Erwartungen zu verhalten. Der Andorra Effekt wirkt also in der Gruppe beziehungsweise im Individuum selbst, der sich an spezifische Kriterien anpasst, die ihm zugeschrieben werden.[42]

Die Bezeichnung des Effekts bezieht sich auf das Theaterstück Andorra von Max Frisch. In diesem verändert sich die Persönlichkeit der Hauptfigur Andri, die von sich selbst fälschlicherweise glaubt, ein Jude zu sein, durch die ständige Konfrontation mit negativen Vorurteilen seiner Mitmenschen. Das Bild, dass sich die Andorraner von ihm gemacht haben, wird zu seiner Identität, er täuscht sogar den sogenannten „Judenschauer". Nach und nach übernimmt der Protagonist dabei die negativen Eigenschaften, die den Juden in der Gesellschaft dieses fiktiven Andorras zugewiesen werden und überdeckt seine ursprüngliche Identität komplett.[43]

Der betroffene Mensch verhält sich nicht mehr wie er selbst ist, sondern wird kontinuierlich zu dem, wozu man im Vorurteil von anderen im Vorfeld bereits gemacht worden ist, ergo beschreibt der Andorra Effekt eine Bestätigung des Vorurteils durch Annahme der vorgefertigten Verhaltensweisen. Es handelt sich also um eine extern motivierte selbst erfüllende Prophezeiung, die in umgekehrter Richtung, von extern zu intern wirksam wird. Auf die gleiche Weise funktioniert die Sozialisation in eine Geschlechtergruppe. Anhand körperlicher Merkmale werden Eigenschaften, Verhaltensnormen und vieles mehr einem Kind zugeschrieben, die internalisiert werden. [44]

---

[42] Surhone, Lambert M., Tennoe, Miriam T., Henssonow Susan F.: Andorra-Effekt
Betascript Publishing, 2011
[43] Frisch, Max: Andorra: Stück in zwölf Bildern, Suhrkamp, Frankfurt am Main 2006
[44] Surhone, Lambert M., Tennoe, Miriam T., Henssonow Susan F.: Andorra-Effekt
Betascript Publishing, 2011

17 Geschlechterbilder als Handlungsgrundlage erzieherischen Denkens

2.0 Sozialisation

Die Sozialisation ist der ontogenetische Prozess der Anpassung, des Einfügens in ein soziales Umfeld, die grundlegende Einführung des Individuums in die objektive Welt eines Gesellschaftsteils. Sozialisation ist einer jener Prozesse über den Geschlechterstereotype an Kinder weitertradiert werden.
Sie bezeichnet weiters die Entwicklung der Persönlichkeit aufgrund ihrer Interaktion mit einer spezifischen Umwelt. Sozialisation inkludiert sowohl die direkten, geplanten Maßnahmen, die Erziehung, als auch die ungeplanten, indirekten Einflüsse auf die Persönlichkeit.
Sozialisationsprozesse bewirken die Tendenz von Menschen, sich entsprechend den jeweils geltenden Normen, Werten und Werturteilen der Gesellschaft zu verhalten.
Erfolgen diese Prozesse erfolgreich im Sinne des Umfeldes, übernimmt das Individuum die Normen, Wertvorstellungen, sowie die sozialen Rollen seines gesellschaftlichen und kulturellen Umfeldes.[45]

„Als „erfolgreiche Sozialisation" sehen wir ein hohes Maß an Symmetrie von objektiver und subjektiver Wirklichkeit (und natürlich Identität) an. Umgekehrt muss demnach „erfolglose Sozialisation" als Asymmetrie zwischen objektiver und subjektiver Wirklichkeit verstanden werden"
(Berger/Luckmann 1969)

Für den neu geborenen Menschen besteht sein soziales Umfeld anfangs aus einem kleinen Kreis von Personen, die sich um ihn kümmern sowie aus deren Lebensumständen, ein Mikrosystem, dem kleinsten sozialen Erfahrungsraum.[46]

---

[45] Berger, Luckmann: Die gesellschaftliche Konstruktion der Wirklichkeit. Fischer, Frankfurt 1969
[46] Bronfenbrenner, Urie: Die Ökologie der menschlichen Entwicklung. Natürliche und geplante Experimente. Klett-Cotta, D, 1981

18 Geschlechterbilder als Handlungsgrundlage erzieherischen Denkens

Die um ihn gruppierten Menschen bilden, von ihm zunächst ganz unabhängig, bereits miteinander ein vielschichtiges Beziehungsgeflecht aus abgeglichenen Lebensanschauungen und erprobten Umgangsformen. Später erweitert sich die Lebensumgebung um nahe Bereiche wie Kindergarten, das sogenannte Mesosystem. Dieses Geflecht ist seinerseits eingewoben in andere, zum Teil umfassendere soziale Netzwerke, welche als Makrosystem bezeichnet werden, außerhalb dieser befindet sich der Rest der Welt als Exosystem.[47]

Diese sozialen Netzwerke sind nicht zu trennen von den jeweiligen Lebensumständen, mit welchen sie weiter vernetzt sind. Sie fußen zwar, wie bei allen anderen Lebewesen, auf natürlichen Gegebenheiten, bestehen indessen größtenteils aus Techniken und Einrichtungen der Lebensbewältigung, die die Menschen in der Entwicklung ihrer Kultur erst aus jenen Gegebenheiten und in fortdauernder Auseinandersetzung mit ihnen über viele Generationen hinweg herausgearbeitet, tradiert und weiter entwickelt haben. Der Mensch hat sich so eine eigene Welt geschaffen, indem er die bestehende Umwelt so weit veränderte, dass sich eigene Mechanismen entwickelten.[48]

Die Auseinandersetzung des Individuums mit seiner Umwelt formt sich zu institutionalisierten Lebensformen durch Gewöhnung („habit"). Jede Tätigkeit, die häufig wiederholt wird, gleichförmig abläuft, verfestigt sich zu einem Muster, das größtenteils unter Aussparung von erhöhter Anspannung und physischer Kraft reproduziert werden kann und dabei vom Handelnden als zweckmäßiges Handlungsmuster, gleichsam einer Schablone aufgefasst wird.
Sozialisation gesamt stellt eine spezifische Form der Lebensbewältigung dar, sie ist daher in dieser Ausprägung als ein entscheidendes Charakteristikum der Gattung Homo anzusehen.[49]

---

[47] Bronfenbrenner, Urie: Die Ökologie der menschlichen Entwicklung. Natürliche und geplante Experimente. Klett-Cotta, D, 1981
[48] Berger, Luckmann: Die gesellschaftliche Konstruktion der Wirklichkeit. Fischer, Frankfurt 1969
[49] Berger, Luckmann: Die gesellschaftliche Konstruktion der Wirklichkeit. Fischer, Frankfurt 1969

Da laut dem Sozialphilosophen Arnold Gehlen der Mensch ein „Mängelwesen" darstellt (er bezieht sich dabei auf Johann Gottfried Herder (1744-1803), instinktreduziert und deshalb abhängig von einer aktiven Veränderung seiner Umwelt, wird eine lange Phase der „Menschwerdung" notwendig. Der Homo Sapiens ist für Gehlen in erster Linie ein handelndes Wesen, wobei Handeln als „Tätigkeit zur aktiven Veränderung der Welt und der Natur zum Zwecke des Menschen" verstanden wird.[50]

„Das Handeln selber ist – würde ich sagen – eine komplexe Kreisbewegung, die über die Außenweltsachen geschaltet ist, und je nach der Rückmeldung ändert sich das Verhalten."
Arnold Gehlen (1904-1976)

2.1. Primäre Sozialisation

Die primäre Sozialisation ist die grundlegende Anpassung an das direkte Umfeld. Interaktionen mit Eltern, Geschwistern, anderen nahestehenden Personen, aber später auch mit Medien prägen einen ersten Handlungsrahmen. Das Kind internalisiert die Rollen und Anschauungen zumeist von Eltern, anderen Verwandten und Pädagogen, dies führt zu Identität. Das Selbst formt sich und spiegelt die Anderen[51], es entwickelt sich ein dialektischer Prozess der Aneignung und Ausformung. Es verfestigen sich Normen in Interaktionen, diese werden zunehmend verallgemeinert, das Kind beginnt, sich mit einer Gesellschaft zu identifizieren.[52]

„Gesellschaft, Identität und Wirklichkeit sind subjektiv, die Kristallisation eines einzigen Internalisierungsprozesses." (Berger/Luckmann 1969)

---

[50] Gehlen, Arnold: Zur Geschichte der Anthropologie/Gesamtausgabe, Herausgeber: Karl-Siegbert Rehberg, Vittorio Klostermann Verlag, Frankfurt, D, 1983
[51] Zum Begriff der „Anderen" verweise ich auf das Werk „Andere - eine Einführung in die Sozialphilosophie" des Sozialphilosophen Thomas Bedorf, erschienen im Verlag Transcript, Bielefeld, 2011
[52] Berger, Luckmann: Die gesellschaftliche Konstruktion der Wirklichkeit. Fischer, Frankfurt 1969

In weiterer Folge erfährt es im Rahmen seiner primären Sozialisation von seinen Bezugspersonen eine bestimmte Rollenzuschreibung und einen spezifischen Platz. Es lernt sich dabei als ein Individuum kennen, das in unterschiedlichen Beziehungen zu anderen Personen seines Umfeldes steht und an das Erwartungen bezüglich Rollenverhalten geknüpft werden, die es ausfüllen soll.
Hierbei wirkt auch bereits stark die Sozialisation in Hinblick auf die Geschlechterrolle, die Bezugspersonen vermitteln bewusst und unbewusst ihre eigenen Stereotypen dem Kind. Verhält es sich entsprechend, so bekommt es positives Feedback, was zu einer Festigung des Verhaltens führt.[53]

2.2 Sekundäre Sozialisation

Die sekundäre Sozialisation beschreibt die, auf der primären Sozialisation aufbauende Einpassung in institutionelle Subwelten, die Anpassung an Interaktionen mit ineinander verschachtelten und vernetzten Systemen der Welt und Umwelt.
Interaktion läuft jedoch immer bilateral, sodass es auch hier zu Anpassungen an Rollenbilder kommt, die in jenen Subwelten existieren.
Es kommt zu einer Erweiterung der in der primären Sozialisation erworbenen Persönlichkeit um spezifisches Wissen, Sprache, weitere Rollen, einer breiter gefächerten Aneignung von Stereotypen.[54]

2.3 Sozialisation und Biologie

Sozialisation vollzieht sich laut Berger und Luckmann in und durch Interaktionen Die Subjekte dieser Handlungen beeinflussen sich wechselseitig, hinzu kommt Erziehung. Seit langem gibt es in der Forschung interdisziplinäre Diskussionen, welchen Anteil die Sozialisation auf dem Hintergrund der jeweiligen genetischen Anlagen hat.
Gegenstand ist die Frage, inwieweit das Individuum durch vererbte, angeborene oder von Umwelten beeinflusst wird.[55]

---

[53] Berger, Luckmann: Die gesellschaftliche Konstruktion der Wirklichkeit. Fischer, Frankfurt 1969
[54] Berger, Luckmann: Die gesellschaftliche Konstruktion der Wirklichkeit. Fischer, Frankfurt 1969
[55] Berger, Luckmann: Die gesellschaftliche Konstruktion der Wirklichkeit. Fischer, Frankfurt 1969

21 Geschlechterbilder als Handlungsgrundlage erzieherischen Denkens

Es ist dies ein Nature versus Nurture Disput, wie er beispielsweise auch im Themenfeld der Intelligenzforschung immer wieder auftritt. Zur Zeit ist die Meinung eher vorherrschend, dass eine kontextuelle Entwicklung stattfindet, also ein Zusammenwirken von Genen, Hormonen, Umwelt und eventuellen anderen Faktoren.

2.4. Peergroups

Charles H. Cooley entwickelte das Konzept der „peer groups". Peer groups sind Gruppierungen von Menschen gleichen Alters oder/und Interessen. Im deutschen als Primärgruppen oder Gleichaltrigengruppen bezeichnet, beschreibt der Ausdruck eine Bezugsgruppe, welchen sich aus Individuen ähnlichen Alters zusammensetzt, die oft freundschaftlich miteinander verbunden ist.

Peergroups sind als Instanz der Sozialisation zu definieren und fungieren unter anderem auch als Raum der Abgrenzung zu anderen Gruppen, aber auch zu den Eltern, sowie Pädagogen. Soziale Verhaltensweisen werden in der Gruppe erprobt und internalisiert.[56]

Bisweilen wird zu sehr auf den Einfluss Erwachsener fokussiert und vergessen, dass sich bestimmte Lernprozesse gerade innerhalb derselben Generation, der Peergroup, abspielen bzw. entscheiden: So ist die Übernahme der Geschlechterrolle nach neueren Untersuchungen relativ früh und eindeutig ein Lernprodukt, das sich auch stark aus der Identifikation mit der eigenen Generation entwickelt und wahrscheinlich nicht ausschließlich in der Auseinandersetzung mit der Eltern-Generation.[57]

---

[56] Rohrmann, Tim: Zwei Welten? Geschlechtertrennung in der Kindheit. Forschung und Praxis im Dialog, Budrich-Uni Press (Dissertation Universität Oldenburg) 2008
[57] Greenglass, Esther R.: Geschlechterrolle als Schicksal. Soziale und psychologische Aspekte weiblichen und männlichen Rollenverhaltens. Deutsche Erstausgabe. Klett-Cotta, Stuttgart 1986

In den neunziger Jahren des letzten Jahrhunderts begann sich die sozialwissenschaftliche Sozialisationsforschung weg von einer reinen Betrachtung der Familie hin zu einer stärkeren Fokussierung auf die Gleichaltrigengruppen zu orientieren. Die Primärgruppe stellt ein eigenes Sozialisationsfeld dar, dass sich binär, nach Geschlechtern weitgehend trennt.

Im späteren Kindergartenalter werden gleichgeschlechtliche Spielgruppen bevorzugt. Bubengruppen grenzen sich im Allgemeinen etwas stärker nach außen ab als Mädchengruppen. Es existieren jedoch vielfältige Interaktionen auch zwischen den Gruppen.

Es ist in der aktuellen Forschung durchaus umstritten, wie weit der Einfluss der Peergroups im Verhältnis zu jenem der Eltern, Pädagogen, anderen Erwachsenen und Medien reicht, jedoch haben die geschlechtshomogenen Gruppen nachweisbar Anteil an der Ausprägung von Rollenverhalten.[58]

2.5 Gender und Geschlechterrollen

2.5.1 Gendertheorie

Gender bezeichnet die Geschlechterrolle (gender role), sowie die sozialen Geschlechtsmerkmale, also das geschlechtstypische wie Kleidung, Frisur, Beruf, Aussehen. Die biologischen Merkmale sind ausdrücklich nicht gemeint (engl. sex). Nach Auffassung weiter Teile der Geisteswissenschaften ist Gender sozial konstruiert, von kulturellen und sozialen Faktoren der Entwicklung abhängig.

Der US-Psychologe John Money führte 1955 die Begriffe „gender role" und „gender indentity" ein, um Diskrepanzen zwischen sozial erwartetem und tatsächlich auftretendem Verhalten bei Transgender und transsexuellen Personen beschreiben zu können.
„Der Begriff Geschlechtsrolle (gender role) wird benutzt, um all jene Dinge zu beschreiben, die eine Person sagt oder tut, um sich selbst auszuweisen als jemand, der oder die den Status als Mann oder Junge, als Frau oder Mädchen hat."
John Money, 1955

---

[58] Rohrmann, Tim: Zwei Welten? Geschlechtertrennung in der Kindheit. Forschung und Praxis im Dialog, Budrich-Uni Press (Dissertation Universität Oldenburg) 2008

Die Genderstudies beschreiben eine Konstruktion von Geschlecht, das sogenannte „doing gender", welches nicht in kausalem Zusammenhang mit dem biologischen Geschlecht steht. Es geht primär um eine Zuordnung in ein soziales Geschlecht und dessen Wertigkeit, um die Selbstbeurteilung und Einordnung.
Es wird keineswegs die Existenz biologischer Geschlechter bestritten, sondern die Ausprägung im sozialen Kontext analysiert.[59]

2.5.2 Geschlechterrolle

Als Geschlechterrolle oder Geschlechtsrolle (engl. gender role) werden Verhaltensweisen bezeichnet, die in einer Kultur für ein Geschlecht als typisch gelten und im Zuge der Sozialisation erworben werden. Es handelt sich dabei um Stereotype.

In der zeitgenössischen Literatur wird, vor allem im geisteswissenschaftlichen Kontext zunehmend Geschlecht und Gender nicht mehr gleichgesetzt, um die kulturell normierten Geschlechterrollen von den biologischen Anlagen zu unterscheiden.[60]

2.5.2.1 Kulturelle Geschlechterrollen

Kulturelle Geschlechterrollen unterscheiden sich stark zwischen verschiedenen Kulturen, so gibt es sehr ausgeprägt patriarchale bis matriarchale, zweitere bilden jedoch eher eine verschwindende Minderheit. In allen bekannten Kulturen weltweit existieren diese Rollen, wobei die Unterschiede in manchen nur sehr gering sind.
Kulturelle Geschlechterrollen sind historisch entstanden und einem andauernden Wandel unterworfen.[61]

---

[59] Lorbeer, Judith: Constructing Gender. The Dancer and the Dance, James A. Holstein, Jaber F. Gubrium: Handbook of Constructionist Research. The Guildford Press, New York 2008
[60] Greenglass, Esther R.: Geschlechterrolle als Schicksal. Soziale und psychologische Aspekte weiblichen und männlichen Rollenverhaltens. Deutsche Erstausgabe. Klett-Cotta, Stuttgart 1986
[61] Allemann-Tschopp, Annamarie: Geschlechtsrollen. Versuch einer interdisziplinären Synthese. Huber Verlag, Bern/Stuttgart/Wien 1979

Die in Europa bekannteste Norm für kulturelle Geschlechtsrollen ist die heteronormative (patriarchalische), wie sie in Österreich und Deutschland ebenfalls mehrheitlich verbreitet ist. Diese „traditionelle" Rollenzuschreibung geht vom Selbstverständnis einer grundlegenden Unterschiedlichkeit von Männern und Frauen aus aufgrund ihrer morphologischen Unterschiedlichkeit, es existieren „natürliche" und strikt voneinander getrennte Geschlechtsrollen, die männliche und die weibliche, die pränatal erworben werden.[62]

2.5.2.2 Anthropologischer Erklärungsansatz

Der amerikanische Sozialphilosoph Thorstein Veblen erarbeitete Anfang des 20. Jahrhunderts eine Theorie der Institution und beschreibt seine Hypothese der anthropologischen Geschlechterrollenentwicklung folgendermaßen:

„In der Morgendämmerung der Menschheit lebten die Männer eher als Jäger, während die Frauen sammelten, Kinder bekamen und Heim, sowie Feuer hüteten. Da das Überleben eher vom Erfolg der Männer abhing, entwickelte sich ein höheres Prestige der männlichen Rolle. Als dann später die Bedeutung der Jagd zurückging, aufgrund von Ackerbau und Viehzucht ging diese Höherbewertung nicht zurück, sie war bereits Institution geworden und tradiert sich bis heute kulturell weiter.
Aus der Denkgewohnheit (habit of thought) entwickelte sich Institution, eine Gewohnheit verfestigte sich eigen-dynamisch soweit, dass sie ihre eigene Realität erzeugt und die Kultur selbst konstituierte.[63]"

---

[62] Allemann-Tschopp, Annamarie: Geschlechtsrollen. Versuch einer interdisziplinären Synthese. Huber Verlag, Bern/Stuttgart/Wien 1979
[63] Veblen, Thorstein: The Instict of Workmanship and the State of the Industrial Art, 1914

25 Geschlechterbilder als Handlungsgrundlage erzieherischen Denkens

2.5.3 Geschlechterrollen in der Soziologie

In der Soziologie tritt im Zusammenhang mit dem Begriff der Geschlechterproblematik auch der Begriff der Rolle auf. Die Gesellschaft hat an Inhaber einer gewissen Position bestimmte stereotype Erwartungen über deren Handeln.
Dieses Verhalten wird als Rollenverhalten bezeichnet.
In Diskussionen erfährt das Thema der Geschlechterrollen fast immer einen Diskurs von soziokulturellen und biologischen Einflüssen, wie stark der jeweilige Einfluss ist, wird sehr unterschiedlich bewertet, momentan ist vor allem durch den Einfluss der Medien die sogenannte biologistische Ansicht stärker präsent, welche genetische oder hormonelle Erklärungen für jegliche Verhaltensweisen annimmt.
Tim Rohrmann führt in seiner Dissertation mit dem Titel „Zwei Welten? - Geschlechtertrennung in der Kindheit" an, dass bei Buben und Mädchen Unterschiede beobachtet wurden in der Motorik, sowie in der sozialen Interaktion.

Die Ursachen dafür können laut Rohrmann sowohl biologischer Natur oder aber durch die „Verfälschung der Ergebnisse durch die Voreingenommenheit der Beobachter" (Rohrmann) verursacht sein. In diesem Zusammenhang spricht er von den sogenannten „Baby-X-Experimenten". Ein Baby wurde neutral angezogen und drei Spielsachen befanden sich im Raum, ein neutrales, eines, das eher Mädchen (eine Puppe) und eines das eher Buben (ein Ball) zugeordnet ist. Den Testpersonen, Männern, wie Frauen wurde gesagt, das Kind sei männlich oder weiblich.
Die Mehrheit gab dem Kind das weiblich zugeordnetes Spielzeug, wenn es angeblich ein Mädchen war und umgekehrt.
Die Baby-X-Experimente scheinen zu belegen, dass bereits Säuglinge den Geschlechterstereotypen der Umwelt ausgesetzt sind.
Es gibt jedoch ebenso Studien, die zu dem Schluss kommen, dass Spielzeugpräferenzen angeboren sind.[64]

---

[64] Rohrmann, Tim: Zwei Welten? Geschlechtertrennung in der Kindheit. Forschung und Praxis im Dialog, Budrich-Uni Press (Dissertation Universität Oldenburg) 2008

2.5.3.1 Rollenverhalten und Rollenerwartungen

Das Individuum als Träger der Erwartungen, die an es gestellt werden, muss diese in Bezug auf stete Handlungen und Erscheinungsbild erfüllen. Tritt dies nicht ein, erfolgen meist Sanktionen. Erwartungen werden von außen, von der Gesellschaft an den Menschen herangetragen, im Kindesalter zumeist von Eltern und anderen nahestehenden Erwachsenen, aber auch von den Kindern im Kindergarten oder Freundeskreis. Das Rollenverhalten beschreibt die Normen, die das Individuum zu erfüllen hat, welche die Grundlage der Erwartung darstellt.[65]

2.5.3.2 Geschlechterrollenstereotype

Geschlechterrollenstereotype sind verbreitete Ansichten über eventuelle Unterschiede. Sie stellen die Summe aller, einem Geschlecht zugeschriebenen Eigenschaften dar und sind in der Gesellschaft verankert und tradiert.[66]

Durch die wirtschaftlichen Erfolge vieler Konzerne stellen diese Ansichten einen wichtigen Faktor des Marketings dar, der in der Werbung konstruiert und verstärkt wird. Seit der Einführung von Buben- und Mädchen spezifischen Angeboten schreiben manche Spielzeugkonzerne zur Zeit Rekordgewinne.[67]

Empirisch belegt ist die Tatsache, dass Mädchen und Buben ab dem Alter etwa einem Jahr im Durchschnitt unterschiedliches Spielzeug bevorzugen, sicher ist auch, dass das sogenannte „Gendermarketing", also die Vermarktung von geschlechtsspezifischem Spielzeug diese Unterschiede, wie auch die bestehenden Geschlechterstereotypen verstärken. Die Ursachen für geschlechtsspezifische Vorlieben beim Spielzeug sind Gegenstand aktueller Forschungen.[68]

---

[65] Allemann-Tschopp, Annamarie: Geschlechtsrollen. Versuch einer interdisziplinären Synthese. Huber Verlag 1979
[66] Greenglass, Esther R.: Geschlechterrolle als Schicksal. Soziale und psychologische Aspekte weiblichen und männlichen Rollenverhaltens. Deutsche Erstausgabe. Klett-Cotta, Stuttgart 1986
[67] http://www.welt.de/wirtschaft/article111399770/Wie-Apple-Legos-wundersamer-Wiederaufstieg.html
[68] Fine, Cordelia: Die Geschlechterlüge: Die Macht der Vorurteile über Frau und Mann Klett-Cotta 2012; Titel der Originalausgabe: „Delusions of Gender, The Real Science behind Sex

3.0 Kinder und Geschlecht

In den vorangegangenen Kapiteln wurden Stereotypen, darauf beruhende sozialpsychologische Effekte, der Vorgang der Sozialisation und der Begriff der Geschlechterrolle eingehend ausgeführt. Nun soll der Einfluss wirkender Stereotypen bei Erwachsenen auf Kinder näher betrachtet und dargelegt werden, wie sich Geschlechtsidentität und Rolle entwickeln und inwieweit Geschlecht erlernt wird.

Dazu ist es zunächst wichtig, einige grundsätzliche Punkte zur Entwicklung der Geschlechtsidentifikation auszuführen.

3.1 Körperbewusstsein und Entwicklung der Geschlechtsidentität nach Lebensalter

3.1.1 Pränatale Phase

Bevor Kinder erstmals in direkten Kontakt mit Kinderbetreuungs- und Bildungseinrichtungen kommen, haben sie schon einige Stufen der Entwicklung von Geschlechtsidentität hinter sich. Bereits vor der Geburt existiert ein Einfluss auf die Entwicklung der Geschlechtsidentität. Das Geschlecht des ungeborenen Kindes beeinflusst Gefühle und Verhalten der Eltern und des Umfeldes bereits in der pränatalen Phase. Emotionen und akustische Signale werden von Kind unbewusst aufgenommen. Heute wissen künftige Eltern meist frühzeitig Bescheid über das Geschlecht ihres ungeborenen Kindes. Mit dem Wissen über das Geschlecht des Fötus im Mutterleib werden bei beiden Eltern Phantasien in Gang gesetzt und Stereotype aktiviert. Das Kind nimmt dies bereits intrauterin wahr.
Ein mit Freude erwartetes Mädchen oder erhoffter Jungen spürt das Kind in positiver Weise und nimmt diese Eindrücke bereits auf. Die Gefühle der Mutter übertragen sich auf das Ungeborene.
Viele unbewusste Erlebnisse mit Männern und Frauen spielen bei der Erwartung, in Bezug auf das Geschlecht des Kindes eine erhebliche Rolle und müssen, so es möglich ist, aufgedeckt und bearbeitet werden. Stereotype, die hierbei bestehen, sollten aktiv hinterfragt werden.[69]

---

[69] Blank-Mathieu, Margarete : Kleiner Unterschied, große Folgen?, E. Reinhardt Verlag 2002

Die Tatsache, dass Erwachsene mit Kindern, auch schon in deren pränataler Phase je nach Geschlecht unterschiedlich sprechen spielt ebenso eine bedeutende Rolle. So wird mit Mädchen sanfter, behütender und auch mehr gesprochen, mit Jungen entsprechend weniger, geradliniger und rauer. Dies ist zu sehen als ein Ausdruck bestehender Geschlechterstereotype bei erwachsenen Menschen.[70]

3.1.2 Von Geburt bis einschließlich Kindergartenalter

In den ersten Lebensmonaten ist das Kind meist noch stark mit der Mutter verbunden, unbewusste Erfahrungen führen jedoch bereits zu ersten Festlegungen. In der folgenden Differenzierungsphase grenzt sich der Säugling bereits erstmals von primären Bezugspersonen ab, auch erste Abgrenzungen von männlich-weiblich finden statt.
Vom 12. bis zum 18. Lebensmonat grenzt sich das Kind nun auch räumlich von der Mutter ab. Im Normalfall wird in dieser Phase die Freude am eigenen Körper bei Jungen eher gefördert, bei Mädchen eher gehemmt.
Die Imitation von gleichgeschlechtlichen Bezugspersonen beginnt.
Kinder bis zum 2. Lebensjahr haben zwar kein Bewusstsein über die Existenz von Geschlechtern, sind aber schon massiv in eine Richtung beeinflusst.
Im 24. Lebensmonat beginnt die Entdeckung der körperlichen Unterschiede, Jungen wie Mädchen entdecken ihre Genitalien und werden sich dessen bewusst, wie auch mit welchen Bewertungen diese Unterscheidungen verbunden sind.
Bis zum Alter von etwa 3 bis 3,5 Jahren stabilisiert sich die Geschlechtsidentität soweit, dass die Zugehörigkeit zu einem Geschlecht eindeutig erkannt wird, sowie auch die damit verbundenen Erwartungen und Rollen.
Laut der psychosexuellen Entwicklungstheorie nach Freud beginnt in diesem Alter die sogenannte phallische Phase. Die Genitalien werden zu den bevorzugten erogenen Zonen.
Die Beziehung zu den Eltern ist durch den Ödipus-Komplex bestimmt, der gegengeschlechtliche Elternteil wird geliebt, der gleichgeschlechtliche ist Rivalln.
Es entwickeln sich geschlechtsspezifische Moralbegriffe und Anschauungen.[71]

---

[70] Blank-Mathieu, Margarete : Kleiner Unterschied, große Folgen?, E. Reinhardt Verlag 2002
[71] DTV Altas zur Psychologie Band 2, S.373

29 Geschlechterbilder als Handlungsgrundlage erzieherischen Denkens

Es bilden sich geschlechtshomogene Peergroups aus, die in ihrer Abgrenzung Sicherheit bezüglich der Identität vermitteln.[72]

Gruppen-spezifische Merkmale werden übertrieben angenommen und dargestellt, die zumeist auf Äußerlichkeiten beruhen. Um die eigene Geschlechtsidentität zu finden sind jedoch nicht nur geschlechtshomogene Gruppen wichtig, sondern vor allem Bezugspersonen beider Geschlechter als Vorbilder. Deutsche Wissenschaftler wie Tim Rohrmann oder Margarete Blanck-Mathieu beschäftigen sich mit der Frage, ob das massive Fehlen von Männern in dieser Phase, sowohl oftmals im Mikrobereich Familie, als auch im Mesosystem Kindergarten und Schule und eine Hinwendung zu anderen Vorbildern (TV, Computerspiele) eine der Ursachen für die festgestellten Bildungs- und Verhaltensprobleme bei Jungen darstellt.[73]

Im Kindergarten konnte der Pädagoge oft beobachten, dass Kinder beiderlei Geschlechts die Pädagoginnen zur Gruppe der Mädchen zählen, sie also als Identifikationsfigur für jene fungieren kann, während für die Buben eine solche nicht vorhanden ist, bei vielen auch nicht im familiären Umkreis.

3.2 Geschlechtsidentität

Entwickelt ein Individuum ein Gefühl, wie es sich in Bezug zu seiner Geschlechtsklasse entwickelt und wie es hinsichtlich Idealvorstellungen beurteilt wird, so spricht man an dieser Stelle von einer „Geschlechtsidentität". Historisch und kulturell ist die Zweigeschlechtlichkeit keineswegs immer und überall Standard gewesen, so gab früher eher die Tendenz, ein soziales Geschlecht anzunehmen, den Mann, mit der Frau als Abweichung. Erst im 17.Jhdt bildete sich die heutige Zweigeschlechtlichkeit aus soziologischer Sicht aus. In einigen Kulturen finden sich auch mehr als zwei Geschlechter. In Indien existiert das Geschlecht der Hijras, weder männlich, noch weiblich. Diese sind oft intersexuell, Eunuchen oder seltener ursprünglich weiblich.[74]

---

[72] Blank-Mathieu, Margarete : Kleiner Unterschied, große Folgen?, E. Reinhardt Verlag 2002
[73] Blank-Mathieu, Margarete : Kleiner Unterschied, große Folgen?, E. Reinhardt Verlag 2002
[74] Nestvogel, Renate: Zur Sozialisation der Geschlechter, Vorlesungsskript Universität Duisburg 2012

In einer Stadt in Mexiko gibt es die sogenannten Muxes, ein drittes Geschlecht zwischen Mann und Frau. Auch in anderen Weltgegenden wie Indonesien, Malaysia oder Polynesien existieren mehr als zwei Geschlechter.[75]

3.2.1 Entwicklung von Geschlechtsidentität

Zur Entwicklung der Geschlechtsidentität existieren verschiedene, auf Sozialisationstheorien basierende, teils sehr unterschiedliche Theorien, die im Folgenden kurz umrissen werden.

3.2.1.1 Anlage orientierte, biologistische Ansätze

Männer und Frauen haben nach dieser Theorie eine unterschiedliche biologische Anlagen, aus denen geschlechtsspezifische Merkmale, Verhaltensweisen und Einstellungen abgeleitet werden. Danach sind Frauen von Natur aus sanft, emotional, empathisch und Männer aggressiv, rational. Solche Vorstellungen sind weit verbreitet, aber wissenschaftlich nicht haltbar. Laut der Neurobiologin Caroll Hagemann-White, die zahlreiche Studien zu diesem Thema ausgewertet hat verfügt die empirische Forschung über insgesamt keine Belege für eindeutige, klar ausgeprägte Unterschiede zwischen den Geschlechtern und dass die Anlagen zu Verhaltensweisen nicht geschlechtstypisch verteilt sind.[76]
Der deutsche Psychologe Tim Rohrmann nimmt im Gegensatz zu Hagemann-White eine Kontextuelle Entwicklung an, wie sie unter Punkt 3.2.1.3 beschrieben wird.[77]

---
[75] Bachmann, Barbara: http://www.lateinamerika-nachrichten.de/index.php?/artikel/4098.html
[76] Klose Ann-Kathrin: Alter und Geschlecht - zwei Kategorien der Diversität, München, GRIN Verlag
[77] Rohrmann, Tim: Zwei Welten? Geschlechtertrennung in der Kindheit. Forschung und Praxis im Dialog, Budrich-Uni Press (Dissertation Universität Oldenburg) 2008

3.2.1.2 Umwelt als Ausgangspunkt – Sozial deterministische Theorien

Die Geschlechterrollen, Verhalten, Identität wird rein von der Umwelt bestimmt. Eine männliche oder weibliche Sozialisation ist nach einem allgemeinen Verständnis dann gelungen, wenn sich die Individuen den sozialen geschlechtsspezifischen Rollenvorgaben anpassen, diese verinnerlichen und entsprechend handeln. In dieser Theorie kommen bestehende Stereotype sehr stark zum Tragen, sie sind eigentlich der Hauptfaktor der Entwicklung.[78]

3.2.1.3 Kontextuelle Entwicklung

Sowohl Anlage, als auch Umwelt sind entscheidend für die Entwicklung der Geschlechtsidentität. Abgelehnt wird ein biologistisches Verständnis, demzufolge die Zusammensetzung der Chromosomen, Gene oder Hormone alles über die Persönlichkeit eines Menschen aussagt.
Die biologische Ausstattung der Geschlechter steht nicht so diametral gegenüber, wie dies in der Gesellschaft, vor allem der westlichen größtenteils gelebt wird. Frauen und Männer haben viel Gemeinsames, die Unterschiede sind gering und nur graduell anzusehen.[79]

3.2.1.4 Handlungstheoretische Theorien

Diese Hypothesen betrachten eher den Bereich der konkreten Interaktionen, in denen geschlechtsspezifisches Verhalten in der jeweiligen Situation hergestellt werden, das so genannte „doing gender". Demnach kann jenes Verhalten beobachtet und reflektiert und ebenso verändert werden, das sogenannte „undoing gender".
Jeder Mensch kann für sich entscheiden, wie „männlich" oder „weiblich" er sich verhalten möchte. Als Kritik ist zu sagen, dass die Selbstbestimmung über die eigene Sozialisation und die eigenen Handlungen als überschätzt dargestellt wird. Es wird dargelegt, dass wir bereits in bestimmte kulturelle Verhältnisse hineingeboren werden, die wir uns im Rahmen der Sozialisation aneignen.[80]

---

[78] Nestvogel, Renate: Zur Sozialisation der Geschlechter, Vorlesungsskript Universität Duisburg 2012
[79] Nestvogel, Renate: Zur Sozialisation der Geschlechter, Vorlesungsskript Universität Duisburg 2012
[80] Nestvogel, Renate: Zur Sozialisation der Geschlechter, Vorlesungsskript Universität Duisburg 2012

3.2 Erwerb von Geschlechterverhalten in der Kindheit

Der Erwerb von Geschlechterverhalten ist ein hochkomplexer Prozess, an dem viele entscheidende Faktoren beteiligt sind. Entsprechend dem kontextuellen Ansatz, der heute in der Forschung der am meisten beachtete ist, findet der Erwerb des Geschlechterverhaltens in einem kulturellen System der Zweigeschlechtlichkeit wie es in den meisten Ländern vorherrscht statt. [81]

Männlich und weiblich als soziales Geschlecht ist gesellschaftlich konstruiert, basierend auf der geschlechtlichen Ausstattung. Männliche und weibliche Kleinkinder werden erst im Zuge der Sozialisation kulturell und gesellschaftlich auseinander dividiert in verschiedene Geschlechterwelten. Eine mögliche Begründung dafür könnte sein, dass Menschen stets Zugehörigkeit suchen. Die Kinder wollen dazugehören zu Gruppen, die ähnliche Merkmale aufweisen. Da das Geschlecht, hierbei vor allem das phänotypische oder morphologische augenscheinlich ist, eignet es sich gut dafür.
In dem Kindergärten ist zu beobachten, dass zu den körperlichen Merkmalen, die vor allem die jüngeren Kinder auch auf Nachfrage nicht genau benennen können sekundäre kommen, wie beispielsweise Farben oder Haarlänge.

Wenn der Pädagoge im Kindergarten über Mädchen und Buben spricht, sind es diese beiden Kategorien, die genannt werden, wenn es um Geschlechtergruppenunterschiede oder Gemeinsamkeiten geht.

---

[81] Nestvogel, Renate: Zur Sozialisation der Geschlechter, Vorlesungsskript Universität Duisburg 2012

In einer Familiengruppe nahm der Pädagoge an einem Spiel mit Lego Figuren teil, das Thema waren Fahrzeuge auf der Straße. Da viele dieser Figuren haarlos waren, montierte der Pädagoge einen langen Haarschopf auf einen Motorradfahrer, was zu lautem Protest der Buben führte.
„Mädchen fahren nicht Motorrad!"
Auf die Frage hin, woran die Kinder erkennen würden, dass es sich um ein Mädchen handelt, kam die Antwort: "Mädchen haben lange Haare, Buben kurze, also ist es ein Mädchen." Von dieser Antwort wurde auch nicht abgewichen, nachdem der Pädagoge auf einen Buben in der Gruppe hinwies, der ebenfalls langes Haar trug.
Die Kompensation für dessen „unmännliche" Frisur bestand aus einem blauen „Spiderman" T-Shirt, eine Tatsache, auf welche die Buben mehrmals hinwiesen.

Der Mechanismus der Konstruktion von Geschlecht beginnt, wie bereits dargelegt, schon vor der Geburt, und durchzieht den Sozialisationsprozess durch Vorbilder und eine aktive Auseinandersetzung mit diesen durch Erwartungen, Zuschreibungen, Sanktionen und die Förderung bestimmter Einstellungen und Verhaltensweisen. Beteiligt an diesem Prozess sind Erwachsene wie Eltern, PädagogInnen, Verwandte, gleichaltrige Freunde (Peergroups) und Medien.[82]

3.2.1 Prozesse in der Entwicklung des Geschlechtsrollen-Verhaltens

Es stellt sich die Frage, ob geschlechtsspezifisches Verhalten erlernt ist und wenn ja, wodurch und vor allem wie ist es veränderbar? Das ist sicher die bedeutende Frage im Zusammenhang des pädagogischen Umgangs mit Geschlechterrollen.
Wissenschaftlich gesehen ist das Thema interdisziplinär im biologischen, kulturellen, sozialen und weiteren Forschungsfeldern beheimatet.

Die Psychoanalyse postuliert, dass Geschlechterrollen und Geschlechtsidentität in einem Prozess der Identifikation erworben werden. Berger und Luckmann gehen in ihrem Werk „Die gesellschaftliche Konstruktion der Wirklichkeit. Eine Theorie der Wissenssoziologie" ebenfalls in diese Richtung.

---

[82] Nestvogel, Renate: Zur Sozialisation der Geschlechter, Vorlesungsskript Universität Duisburg 2012

Kinder identifizieren sich zumeist mit dem Elternteil des gleichen Geschlechts, dies gilt als entscheidend für eine Rollenübernahme da Jungen tendenziell die Persönlichkeitsmerkmale des Vaters und Mädchen der Mutter übernehmen, es werden Verhaltensweisen nachgeahmt, um in der Gesellschaft einen Platz zu finden. Verhalten, dass so erworben wird, entspricht den Erwartungen und wird belohnt. Das Mädchen, dass mit Puppen für seine Mutterrolle übt, erfährt ebenso Bestätigung, wie der mit Technik werkende oder sich im Wettkampf mit anderen messende Bub.

Diese, auf Imitation basierende soziale Lerntheorie gilt ebenso als Ansatzpunkt für die Erklärung von Geschlechterrollenunterschieden. Der Norm entsprechendes Verhalten einer Geschlechterrolle wird verstärkt, was zu einer Reproduktion führt. Abweichen führt oft zu Ablehnung oder Sanktionierung und wird so verlernt.[83]

3.3 Das „Lernen" von Geschlecht

Im Folgenden werden zwei lernpsychologische Formen ausgeführt, die nach Renate Nestvogel für die Entwicklung von Geschlechtsidentität und Geschlechterrollen eine wichtige Rolle spielen und im pädagogischen Kontext manipulierbar sind.

3.3.1 Instrumentelles Lernen

Verhaltensänderungen werden durch Belohnung und Bestrafung initiiert, beides wirkt als Verstärker im positiven wie negativen Sinn. Die Geschlechterstereotypen der Erwachsenen bestimmen, welches Verhalten verstärkt und welches sanktioniert wird. Mädchen werden im Normalfall dafür gelobt, ordentlich, still und schön zu sein, während Jungen meist eine Bestärkung mutigen, wilden und aktiven Verhaltens erleben. Diese Zuweisungen werden internalisiert und in das Verhaltensrepertoire übernommen, gegenteiliges Verhalten verringert sich oder bleibt ganz aus.[84]

---

[83] Berger, Luckmann: Die gesellschaftliche Konstruktion der Wirklichkeit. Fischer, Frankfurt 1969
[84] Nestvogel, Renate: Zur Sozialisation der Geschlechter, Vorlesungsskript Universität Duisburg 2012

35 Geschlechterbilder als Handlungsgrundlage erzieherischen Denkens

Nach Birkenbihl werden Buben öfter für ihre Leistung gelobt, auch wenn diese objektiv schlechter ist als jene von Mädchen, während diese wiederum für Fleiß und Brav sein Bestätigung erfahren, Eigenschaften, die für weibliche Menschen erwartet werden. Diese sogenannte dritte Über-Kreuz-Entwicklung, stellt eine Falle dar, in die Erziehende aufgrund der ihnen innewohnenden Stereotypen oftmals tappen.

	Buben	Mädchen
Lob	Leistung	Brav sein
Tadel	Brav sein	Leistung

Dritte „Überkreuz-Entwicklung" nach Vera F. Birkenbihl [85]

---

[85] Birkenbihl, Vera F: Jungen und Mädchen: wie sie lernen, Walhalla Verlag, 2009, Google Books Version

3.3.2 Vorbildlernen

Imitation und Identifikation mit Vorbildern ist im Kleinkind- und Kindergartenalter eine bedeutende Lernform. Eltern im Mikrosystem und andere Erwachsene im Mesosystem sind hierbei die bedeutenden Modelle. Im Laufe der Entwicklung kommen mediale Vorbilder hinzu oder substituieren fehlende reale Vorbilder.[86]

Nach der sozial-kognitiven Lerntheorie von Albert Bandura läuft dieses Lernen in vier Prozessen ab, die sich ihrerseits in zwei Phasen gliedern:

1. Aneignungsphase: **Aufmerksamkeitsprozesse**
Der Beobachter konzentriert seine Aufmerksamkeit auf das Modell und beobachtet es. Er schaut genau hin und nimmt das Modell bewusst wahr. Der Beobachter wählt dabei Verhaltensweisen aus, die ihn besonders interessieren.

2. Aneignungsphase: **Behaltensprozesse**
Ein beobachtetes Modellverhalten kann manchmal erst längere Zeit nach dem Beobachten gezeigt werden. Dazu ist das beobachtete Verhalten im Gedächtnis gespeichert worden.

3. Ausführungsphase: **Reproduktionsprozesse**
Das beobachtete Verhalten wird nachgeahmt, indem der Beobachter sich an das gespeicherte Verhalten erinnert. Dieses Verhalten wird nachgeahmt, indem die Bewegungsabläufe wiederholt werden.

4. Ausführungsphase: **Verstärkungs- und Motivationsprozesse**
Der Beobachter wird verstärkt, weil er den Erfolg seines eigenen Verhaltens sieht. Schon wenn der Beobachter erste Fortschritte sieht, wird sich diese Feststellung des erfolgreichen Verhaltens verstärkend auswirken.

Die Phasen des sozial-kognitiven Lernens nach Bandura (Skriptum Universität Duisburg)[87]

Ein Verhalten, welches in Kindergartengruppen oft zu beobachten ist, ist folgendes:

Ein Bub sieht bei einem gefeierten Comic Helden im TV Kampfverhalten mittels einer Waffe. Er ahmt es im Kindergarten nach. Von den Kolleginnen wird dies zumeist sanktioniert, von den anderen Buben jedoch bestärkt, was zu weiterer Reproduktion führt.

---

[86] Nestvogel, Renate: Zur Sozialisation der Geschlechter, Vorlesungsskript Universität Duisburg 2012
[87] Vorlesungsskriptum Universität Duisburg, https://www.uni-due.de/edit/lp/kognitiv/bandura.htm

37 Geschlechterbilder als Handlungsgrundlage erzieherischen Denkens

Wie bereits im Kapitel 3.1.2 angesprochen finden sich oft keine realen männlichen Vorbilder im Nahbereich, sodass bei Jungen bereits früh Comic- oder Trickfilmhelden als Ersatz angenommen werden.

Diese Figuren transportieren aber zumeist ein sehr problematisches Bild von Männlichkeit, überhöht heldenhaft, traditionell und auch zumeist sehr einseitig. Erfahren diese medialen Vorbilder Bestätigung, so fühlen sich auch die Kinder in ihrem Verhalten bestärkt.[88]

Je erfolgreicher die Identifizierung, desto unabhängiger werden Mädchen und Jungen von Lob oder Strafe. Die Rollengestaltung wird angenommen und reproduziert.
Kinder, die über keine gleichgeschlechtlichen Vorbilder verfügen, müssen ihre Geschlechtsidentität über die Abgrenzung zu vorhandenen gegengeschlechtlichen Rollenmodellen ausbilden, dies führt im Kindergarten dann oft dazu, dass viele Jungen sich von der Pädagogin distanzieren und entgegengesetztes Verhalten aufweisen, gehört sie doch zu „den Mädchen".[89] Für Mädchen ist dieses Vorbildlernen im Normalfall leichter, da reelle Vorbilder vorhanden sind, die nachgeahmt werden und mit denen sie sich identifizieren können.[90]

---

[88] Nestvogel, Renate: Zur Sozialisation der Geschlechter, Vorlesungsskript Universität Duisburg 2012
[89] Rohrmann, Tim: Zwei Welten? Geschlechtertrennung in der Kindheit. Forschung und Praxis im Dialog, Budrich-Uni Press (Dissertation Universität Oldenburg) 2008
[90] Nestvogel, Renate: Zur Sozialisation der Geschlechter, Vorlesungsskript Universität Duisburg 2012

4. Exkurs: Geschlechtsunterschiede – Der aktuelle Stand der naturwissenschaftlichen Forschung

Angeborene, hormonell bedingte oder genetische Geschlechtsunterschiede sind Gegenstand aktueller Forschung. Zur Zeit existiert laut der australischen Neurologin Cordelia Fine kein gesicherter Nachweis, dass es solche im Verhalten und der Persönlichkeit a priori gibt.[91]

Zwar weisen Erwachsene im Schnitt mehr oder weniger ausgeprägte geschlechtsspezifische Unterschiede im Gehirn auf, jedoch trifft das nicht auf alle Individuen einer Geschlechtergruppe zu.

Das Gehirn, durch die populäre Hirnforschung zur Zeit prominentester Forschungsort, ist ein plastisches Organ, das bedeutet, dass es sich ständig verändert, durch physische, psychische und externe Einflüsse.[92]

4.1 Evolutionsbiologie

Unterschiede zwischen den Geschlechtern im Verhalten werden durch die genetische Anpassung an die Lebensumwelt der Menschwerdung dargestellt.
Die Millionen Jahre, die Männer als Jäger und Frauen als Hüterinnen des Feuers und des Heims zugebracht haben, stellen eine mögliche Erklärung für heutige Rollenverteilungen dar (siehe Kapitel 2.5.2.2 Anthropologischer Erklärungsansatz).

Diese Hypothesen sind jedoch höchst spekulativ, so ist der Wissensstand über prähistorische Gesellschaftsformen lückenhaft und eine Übertragung auf die Gesellschaft des 21. Jahrhunderts als noch spekulativer anzusehen, weiters existiert kein Nachweis, dass sich diese Lebensweise in den Genen niedergeschlagen hat.[93]

---

[91] Fine, Cordelia: Die Geschlechterlüge: Die Macht der Vorurteile über Frau und Mann
Klett-Cotta 2012; Titel der Originalausgabe: „Delusions of Gender, The Real Science behind Sex
[92] Fine, Cordelia: Die Geschlechterlüge: Die Macht der Vorurteile über Frau und Mann
Klett-Cotta 2012; Titel der Originalausgabe: „Delusions of Gender, The Real Science behind Sex
[93] Fine, Cordelia: Die Geschlechterlüge: Die Macht der Vorurteile über Frau und Mann
Klett-Cotta 2012; Titel der Originalausgabe: „Delusions of Gender, The Real Science behind Sex

39 Geschlechterbilder als Handlungsgrundlage erzieherischen Denkens

Zwar gibt entsprechende Vermutungen im relativ jungen Forschungszweig der Epigenetik, die sich mit der An- und Abschaltung von Genen und Chromosomen beschäftigt, jedoch werden epigenetische Veränderungen an den Keimzellen als sehr selten angesehen, sodass hier noch starker Bedarf an weiterer Forschung besteht.[94]

Eher ist anzunehmen, dass sich die Rollenverteilung kulturell tradiert und dadurch bis heute erhalten hat.

4.2 Neurologie – Hirnforschung

Große Fortschritte wurde in den letzten 50 Jahren in dieser Disziplin gemacht, in den letzten Jahren kamen immer wieder Studien zur Veröffentlichung, die mit Hilfe von PET-Scannern, Sauerstoff- oder Proteinmarkern Bilder von Gehirnen erzeugten und die Unterschiede wie oft propagierte bessere Sprachfähigkeiten und Empathie bei Frauen und ebenso höhere mathematische und systematische Fähigkeiten bei Männern nachweisen sollten. Dabei wurden zwar unterschiedliche Aktivierungslevel einzelner Gehirnregionen gefunden, jedoch waren die Unterscheidungen innerhalb der Geschlechter größer als im Vergleich zwischen den Geschlechtern.[95]

Tatsächlich kann man aus den oben genannten Aufnahmen keineswegs die „Aktivität" des Gehirns zu bestimmten Fragestellungen ableiten, die bunten Punkte bilden lediglich das Ergebnis komplexer Prozesse ab, ein breiter Raum für Spekulationen in dem es kein gesichertes Wissen bis dato gibt. Es zeigt sich auch, dass die ursprüngliche Annahme, es gäbe fixe Zentren für bestimmte Aufgaben immer mehr revidiert werden muss.[96]

---

[94] Schlager, Edda, Epigenetik, http://www.scinexx.de/dossier-437-1.html 2013
[95] Fine, Cordelia: Die Geschlechterlüge: Die Macht der Vorurteile über Frau und Mann
Klett-Cotta 2012; Titel der Originalausgabe: „Delusions of Gender, The Real Science behind Sex
[96] Fine, Cordelia: Die Geschlechterlüge: Die Macht der Vorurteile über Frau und Mann
Klett-Cotta 2012; Titel der Originalausgabe: „Delusions of Gender, The Real Science behind Sex

Wenn keine Unterschiede in irgendeiner Form entdeckt werden, wird dies entweder nicht erwähnt, oder die Studie bleibt in der Schublade des jeweiligen Forschers liegen, Publikationen mit dem Titel „Keinerlei Geschlechtsunterschiede entdeckt" werden nicht publiziert. Der Grund dafür liegt in der Konkurrenz der Medien untereinander, weiters darin, dass die „Entdeckungen" von Geschlechtsunterschieden zur Zeit sehr populär sind, da diese die Geschlechterstereotype der meisten Menschen zu bestätigen scheinen. Dieser Effekt wird Publikationsbias oder File Drawer Problem genannt.[97]

SoziologInnen, sowie PsychologInnen konnten darlegen, dass diese Unterschiede, in sprachlicher, sozialer, mathematischer Begabung, nicht existieren sofern soziale Faktoren eliminiert werden. Weder lässt sich ein erhöhtes Talent für Empathie, noch für Soziales bei Frauen nachweisen, noch erhöhte sprachliche Begabung und vice versa.
Es sind Unterschiede im Gehirn nachgewiesen, jedoch nur im Durchschnitt, das bedeutet, dass es keinerlei Merkmale gibt, die bei allen Männern oder Frauen spezifisch anzutreffen sind. So weist Cordelia Fine darauf hin, dass die bei Frauen gefundene, relativ stärker ausgeprägte Brücke zwischen den Gehirnhälften generell ein Merkmal kleinerer Menschen darstellt. Weitere Unterschiede betreffen die Amygdala und den Hippocampus, beide Regionen zeigen im Durchschnitt Differenzen zwischen den Geschlechtern. Diese tendenziellen Unterschiede sind mit zunehmendem Alter stärker ausgeprägt, was darauf hindeutet, dass sie aus externen Einflüssen entstehen.[98]

Das Gehirn ist zunächst wie ein dichtes Netz angelegt, die Nervenzellen sind gleichmäßig miteinander verbunden. Im Laufe der weiteren Entwicklung werden jene Bahnen verstärkt, in denen häufiger Impulse ablaufen, weniger genutzte Verbindungen verkümmern. Diese Entwicklung ist Lernen, auch soziales Lernen, also auch Geschlechterverhalten. Bedenkt man diese Entwicklung, so liegt es auf der Hand, dass sich Gender überwiegend postnatal ausbildet und zwar vorwiegend durch den Prozess der Sozialisation.[99]

---

[97] Fine, Cordelia: Die Geschlechterlüge: Die Macht der Vorurteile über Frau und Mann Klett-Cotta 2012, Titel der Originalausgabe: „Delusions of Gender, The Real Science behind Sex
[98] Fine, Cordelia: Die Geschlechterlüge: Die Macht der Vorurteile über Frau und Mann Klett-Cotta 2012, Titel der Originalausgabe: „Delusions of Gender, The Real Science behind Sex
[99] Hobmair (Hrsg), Pädagogik, 2008, Bildungsverlag Eins

4.43 Genetik und Endokrinologie - Hormonelle Unterschiede

Genetisch betrachtet besitzen Frauen zwei X-Chromosome und Männer ein X- und ein Y-Chromosom, welches als Schalter fungiert und den zuvor geschlechtlich indifferenten Fötus in Richtung Mann oder Frau steuert. X- und Y-Chromosom haben sich aus einem gemeinsamen Vorläufergen entwickelt, welches die Geschlechtsentwicklung steuerte. Das Geschlecht eines Individuums auf diese Weise zufällig zu bestimmen, hat den Effekt der relativen Ausgeglichenheit der Geschlechterverteilung, während durch andere Mechanismen wie Temperaturabhängigkeit, Populationen mit einem relativ einseitigen Geschlechterverhältnis auftreten. Dieser Prozess trat laut Forschung vermutlich bei der Abspaltung der Säugetiere von den Reptilien auf. Die Steuerung der Geschlechtsentwicklung hat sich mehrfach unabhängig von einander im Tierreich entwickelt, so besitzen Vögel einen sehr ähnlichen Mechanismus, nur dass hier die Männchen zwei Z-Chromosome besitzen, während die Weibchen ein Z- und ein W-Chromosom aufweisen.[100]

Die folgende Entwicklung von Hoden oder Eierstöcken startet die Ausformung der Genitalien und einiger weiterer körperlicher Unterschiede wie Größe, Muskelmasse und ähnliches. Die Theorie, dass das Testosteron in dieser Phase ein männliches Gehirn im Unterschied zu einem weiblichen konstruiert, ist bisher nicht belegt, ein divergierendes Geschlechterverhalten bei Neugeborenen nicht nachgewiesen.[101]

Der englische Psychologe Simon Baron-Cohen, auch Schöpfer jener Theorie, die besagt, dass Autismus durch ein extrem ausgeformtes männliches Gehirn entsteht, formulierte die Hypothese, dass die Ausschüttung von Testosteron im Uterus für Unterschiede im Verhalten verantwortlich sei. Dazu zeigten er und seine MitarbeiterInnen Säuglingen ein Bild eines lächelnden Gesichts und danach eines Mobiles bisweilen auch umgekehrt.

---

[100] Manolakou P, Lavranos G. and Angelopoulou R.: Molecular patterns of sex determination in the animal kingdom: a comparative study of the biology of reproduction. Reprod Biol Endocrinol. 2006
[101] Fine, Cordelia: Die Geschlechterlüge: Die Macht der Vorurteile über Frau und Mann Klett-Cotta 2012; Titel der Originalausgabe: „Delusions of Gender, The Real Science behind Sex

Baron-Cohen zog aus diesem Experiment, in dem seiner Angabe nach Buben 52% der Zeit auf das Mobile schauten und die Mädchen 41% den Schluss:

„*Die grundlegende Verschaltung des idealtypisch weiblichen Gehirns begünstigt empathische Analysen während im männlichen Gehirn die Netzwerke für das Verstehen und Bauen von Systemen die Fundamente bilden.*"

Sieht man sich diese Studie genauer an, so erkennt man massive Mängel in der Konzeption, denn die Forscher wussten vorher über das Geschlecht des Kindes Bescheid und waren dadurch nicht mehr objektiv. Es wurde nicht darauf geachtet, die Erwartungshaltungen auszuschalten, weiters wurden die Gegenstände in unterschiedlicher Entfernung und in unterschiedlicher Reihenfolge gezeigt, hierbei wurde nicht auf die sehr kurze Aufmerksamkeitsspanne von Neugeborenen und auf das noch schwache Sehvermögen Rücksicht genommen.

Weitere, genauer durchgeführte Arbeiten anderer Wissenschaftler konnten Baron-Cohens Ergebnisse nicht bestätigen.[102] Folgestudien dieser Untersuchungen fanden jedoch bei den gleichen Kindern einige Monate später tatsächlich markante Unterschiede, was den Schluss zulässt, dass

„*gendertypische Verhaltensmuster nicht angeboren sind, sondern bereits in frühester Kindheit erlernt werden.*"[103]

---

[102] Fine, Cordelia :Die Geschlechterlüge: Die Macht der Vorurteile über Frau und Mann Klettof Gender, The Real Science behind Sex-Cotta 2012; Titel der Originalausgabe: „Delusions

[103] Leeb, Rebecca T., Rejskind, Gillian F.: A Longitudinal Study of Perceived Gender Differences in Mutual Gaze Behavior in Young Infants. - Sex Roles, Volume 50, Numbers 1-2, January 2004 , pp. 1-14(14) Springer Verlag 2004

Spielzeugtests und Studien zu bevorzugten Materialien werden ebenfalls gerne herangezogen, um angeborene Unterschiede zwischen den Geschlechtern nachzuweisen. Ab dem Alter von einem Jahr zeigen Buben und Mädchen signifikante Unterschiede in ihren Präferenzen, davor sind diese jedoch kaum auszumachen.

Die Psychologin Gerianne Alexander weist darauf hin, dass die Präferenzen und hier vor allem die, mit zunehmendem Alter stärker werdenden Unterschiede darauf hinweisen, dass den Spielzeugen vom Umfeld der Kinder Geschlechtszugehörigkeit zugewiesen wird und jene darauf reagieren. Die Stereotype betreffend Geschlechtspräferenz bei Spielzeug wird hier bereits auf Kleinstkinder übertragen.[104]

---

[104] Alexander GM, Wilcox T, Woods R.: Sex differences in infants' visual interest in toys, Arch Sex Behav. 2009 Jun;38(3):427-33, Epub 2008

5. Der Einfluss von Geschlechterstereotypen von Erwachsenen auf die frühkindliche Entwicklung – ein Fazit

In Kapitel 3.0 habe ich dargelegt, dass sich die Geschlechterstereotype der Eltern und der Umwelt bereits pränatal auswirken, Sprache und Erwartungen ändern sich je nach Geschlecht des ungeborenen Kindes. Dieser Einfluss durchzieht die gesamte Sozialisation, zum Faktor Eltern kommen die Verwandten, Freunde, PädagogInnen, später auch LehrerInnen und die Medien, heute stärker als dies noch vor vierzig Jahren der Fall war. Vorhandene Stereotypen werden von Konzernen genutzt, um ihren Gewinn zu maximieren und beeinflussen ihrerseits die Vorstellungen der Kinder über Geschlechterrollen.

Der aktuelle Stand der Forschung lässt den Schluss zu, dass das soziale Geschlecht erlernt wird.

Die sozialen Umwelten sind es, die das Rollenverständnis konstruieren. Erwachsene, also auch PädagogInnen sind maßgeblich verantwortlich dafür, wie diese Konstruktionen letztlich aussehen.

6. Schlussbetrachtungen und Danksagungen

Das Thema Geschlechterstereotype, ihrer Entstehung, Tradierung und der Umgang damit, sowie tatsächliche Wahrheiten, die dem zugrunde liegen sind Gegenstand der aktuellen Forschungen vieler Disziplinen, der Pädagogik, der Psychologie, Soziologie, Anthropologie, Neurologie und vieler mehr.

In der Zeit meiner Recherchen und der Arbeit an diesem Text kristallisierte sich zunehmend heraus, dass ich diesen Bereich nur oberflächlich streifen, einen Überblick beschreiben konnte. Die erschöpfende Auseinandersetzung mit all den Fragen der Thematik würde und wird mich vermutlich bis an mein Lebensende beschäftigen.

Ich habe diese Diplomarbeit im Sommer 2013 begonnen, viele Bibliotheksbesuche absolviert, meine ohnehin schon umfangreiche Bibliothek um zahlreiche wichtige Werke erweitert und letztlich sogar einen E-Book Reader angeschafft, um die vielen interessanten Texte lesen zu können und mein Wissen zu erweitern.

Abschließend danke ich Fr. Mag.[a] Steininger-Kainz für die Möglichkeit, diese Diplomarbeit verfassen zu dürfen und ihre umfassende Unterstützung dabei, meiner Familie und meinen Freunden für die Geduld.

Am meisten gedankt sei jedoch meiner Frau, Mag.[a] Christina Brichta-Hartmann für viele inhaltliche Anregungen, Korrekturlesen und das Ertragen meiner Person nach mehrstündigen Lese- oder Schreibmarathons.

Man muss viel gelernt haben, um über das, was man nicht weiß, fragen zu können.
(Jean-Jacques Rousseau)

7. Glossar

Illusorische Korrelation: Neigung, Beziehungen zwischen Phänomenen zu sehen, die tatsächlich nicht in Verbindung stehen (Aronson, Wilson, Akert).

Induktion: abstrahierender Schluss aus beobachteten Phänomenen auf eine allgemeine Erkenntnis (Aristoteles).

Kontingenzlernen: Lernform, bei der Zusammenhänge zwischen eigenem Handeln und den daraus erfolgenden Konsequenzen erkannt werden.

Korrelation: das gemeinsame Auftreten von Merkmalen.

Kovariation: das gemeinsame Variieren mehrerer Merkmale oder Variablen.

Perseveranzeffekt: Beschreibt das Phänomen, dass ursprüngliche Eindrücke einen Beobachter nachhaltig so prägen, dass später hinzukommende Informationen die Einstellung nur mit Mühe oder gar nicht ändern können (Ross, Lepper, Hubbard).

8. Literatur

Reising, Yvonne Diana (2000): Entstehung, Umgang, Prävention von Vorurteilen bei Kindern – (Diplomarbeit Bergische Universität Wuppertal), Examicus/Grin Verlag, Deutschland

Berger, Peter L./ Luckmann, Thomas, Die gesellschaftliche Konstruktion der Wirklichkeit. Eine Theorie der Wissenssoziologie. Frankfurt/Main: Fischer Taschenbuch Verlag 1969

Blank-Mathieu, Margarete, Kleiner Unterschied, große Folgen?: Zur geschlechtsbezogenen Sozialisation im Kindergarten, 2.Aufl., E.Reinhart Verlag 2012

Rohrmann, Tim: Zwei Welten? Geschlechtertrennung in der Kindheit. Forschung und Praxis im Dialog, Budrich-Uni Press (Dissertation Universität Oldenburg) 2008

Petersen, Lars-Eric (Herausgeber), Bernd Six (Herausgeber) (2008): Stereotype, Vorurteile und soziale Diskriminierung: Theorien, Befunde und Interventionen, Beltz PVU Verlag, Basel

Fine, Cordelia, Die Geschlechterlüge: Die Macht der Vorurteile über Frau und Mann, Klett-Cotta 2012; Titel der Originalausgabe: „Delusions of Gender, The Real Science behind Sex

Greenglass, Esther R., Geschlechterrolle als Schicksal. Soziale und psychologische Aspekte weiblichen und männlichen Rollenverhaltens. Deutsche Erstausgabe. Klett-Cotta, Stuttgart 1986 (Originaltitel: A World of Difference: Gender Roles in Perspective (1982), übersetzt von Urs Aeschbacher und Wilhelm Häberle)

Silbermann, Alphons, Alle Kreter lügen, Bastei-Lübbe 1995, Amazon Kindle Edition

Goffman Erwing, Knoblauch, Hubert, Interaktion und Geschlecht. 2. Auflage. Campus, Frankfurt a. M. 2001

Klose, Ann Kathrin, Alter und Geschlecht - zwei Kategorien der Diversität, München, GRIN Verlag 2010

Allemann-Tschopp, Annamarie: Geschlechtsrollen. Versuch einer interdisziplinären Synthese. Huber Verlag 1979

Dröge, Franz W., Publizistik und Vorurteil. Regensberg Verlag, Münster 1967

Wallner, Dr. Claudia, Geschlechtergerechtigkeit in Kita und Grundschule
http://caritas.erzbistum-koeln.de/export/sites/caritas/maik/dokumente/modul-e/grundlagenliteratur/Fachbeitrag_Geschlechtergerechtigkeit_in_der_Kita_Wallner.pdf

Nestvogel, Renate, Zur Sozialisation der Geschlechter, Vorlesungsskript Universität Duisburg 2012

Lorbeer, Judith: Constructing Gender. The Dancer and the Dance, James A. Holstein, Jaber F. Gubrium: Handbook of Constructionist Research. The Guildford Press, New York 2008

Hobmair (Hrsg), Pädagogik, 2008, Bildungsverlag Eins

Manolakou P, Lavranos G. and Angelopoulou R.: Molecular patterns of sex determination in the animal kingdom: a comparative study of the biology of reproduction. Reprod Biol Endocrinol. 2006

Leeb, Rebecca T., Rejskind, Gillian F.: A Longitudinal Study of Perceived Gender Differences in Mutual Gaze Behavior in Young Infants; Sex Roles, Volume 50, Numbers 1-2, January 2004 , pp. 1-14(14), Springer Verlag 2004

Alexander GM, Wilcox T, Woods R.: Sex differences in infants' visual interest in toys, Epub 2008

Gittler, Georg: Persönlichkeits- und Differentielle Psychologie, Skriptum zur Vorlesung

49 Geschlechterbilder als Handlungsgrundlage erzieherischen Denkens

Persönlichkeits- und Differentielle Psychologie an der Universität Wien

Hume, David: A Treatise of Human Nature: Being an Attempt to introduce the experimental Method of Reasoning into Moral Subjects. (Über die menschliche Natur) (1739-40)

De Carvalho, Maria: Karl R. Poppers Philosophie der wissenschaftlichen und der vorwissenschaftlichen Erfahrung, Lang, 1982

Flechsig, Karl-Heinz, Kulturelle Schemata und interkulturelles Lernen, http://wwwuser.gwdg.de/~kflechs/iikdiaps3-98.htm

Begleitende Literatur:

Geschlechtssensible Pädagogik -Leitfaden des BMUK 2009

Walter, Melitta; Jungen sind anders, Mädchen auch (2005): Den Blick schärfen für eine geschlechtergerechte Erziehung, Kösel Verlag München (5.Auflage 2012)

Draeger, Tanja (2008): Gender Mainstreaming im Kindergarten, Ibidem Verlag Stuttgart

Klaudia Schultheis,Thomas Fuhr,Gabriele Strobel-Eisele (Herausgeber) (2006); Kinder: Geschlecht männlich: Pädagogische Jungenforschung, W.Kohlhammer Verlag Stuttgart

DTV Atlas Pädagogik, Burkard, Franz Peter, Weiß Axel, DTV Verlag München 2008

DTV Atlas Psychologie, Benesch Hellmut und andere, DTV Verlag München 1991

Butler, Judith, Die Macht der Geschlechternormen und die Grenzen des Menschlichen, Suhrkamp Verlag, Frankfurt 2009

Haug-Schnabel, Gabriele, Bensel Joachim, Grundlagen der Entwicklungspsychologie, Herder Verlag, Freiburg 2012

Lightning Source UK Ltd.
Milton Keynes UK
UKHW041904220119
336027UK00001B/33/P